健美旋律 体操、艺术体操、蹦床

jianmei xuanlv ticao yishuticao bengchuang

阳光快乐体育

主编：张五平

执行主编：徐姜娟

本书编写组 ◎ 编 张五平

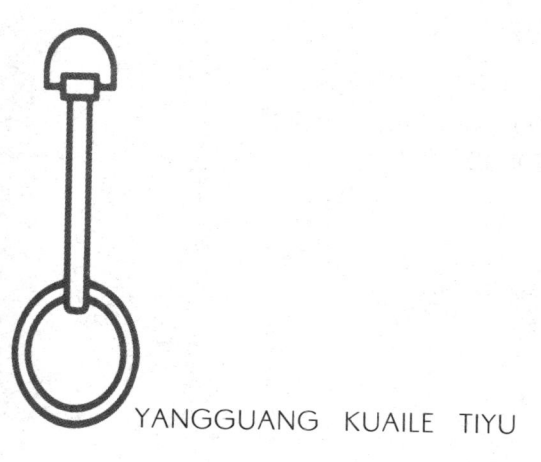

YANGGUANG KUAILE TIYU

世界图书出版公司
广州·北京·上海·西安

图书在版编目（CIP）数据

健美旋律：体操、艺术体操、蹦床/《健美旋律：体操、艺术体操、蹦床》编写组编.—广州：广东世界图书出版公司，2010.4（2024.2重印）

ISBN 978-7-5100-1994-4

Ⅰ.①健… Ⅱ.①健… Ⅲ.①体操-青少年读物②艺术体操-青少年读物③弹网-青少年读物 Ⅳ.①G83-49

中国版本图书馆 CIP 数据核字（2010）第 050028 号

书　　名	健美旋律：体操、艺术体操、蹦床
	JIANMEI XUANLÜ TICAO YISHU TICAO BENGCHUANG
编　　者	《健美旋律：体操、艺术体操、蹦床》编写组
责任编辑	韩海霞
装帧设计	三棵树设计工作组
出版发行	世界图书出版有限公司　世界图书出版广东有限公司
地　　址	广州市海珠区新港西路大江冲 25 号
邮　　编	510300
电　　话	020-84452179
网　　址	http://www.gdst.com.cn
邮　　箱	wpc_gdst@163.com
经　　销	新华书店
印　　刷	唐山富达印务有限公司
开　　本	787mm×1092mm　1/16
印　　张	10
字　　数	120 千字
版　　次	2010 年 4 月第 1 版　2024 年 2 月第 12 次印刷
国际书号	ISBN 978-7-5100-1994-4
定　　价	48.00 元

版权所有　翻印必究

（如有印装错误，请与出版社联系）

前　言

当今时代，人人都明白"科技是第一生产力""知识就是财富"，但是，千万不能因此就忽略了对青少年健康体质的培养。青少年时期是身心健康和各项身体素质发展的关键时期。青少年的体质健康水平不仅关系个人健康成长和幸福生活，而且关系整个民族健康素质，关系我国人才培养的质量。为此，《中共中央 国务院关于加强青少年体育增强青少年体质的意见》强调"增强青少年体质、促进青少年健康成长，是关系国家和民族未来的大事。""广大青少年身心健康、体魄强健、意志坚强、充满活力，是一个民族旺盛生命力的体现，是社会文明进步的标志，是国家综合实力的重要方面。"

但是，由于片面追求升学率的影响，社会和学校存在重智育、轻体育的倾向，学生课业负担过重，休息和锻炼时间严重不足，此外，许多学校体育设施和条件不足，学校体育课和体育活动难以保证，导致青少年身体素质下降。近些年体质健康监测表明，青少年耐力、力量、速度等体能指标持续下降，视力不良率居高不下，城市超重和肥胖青少年的比例明显增加，部分农村青少年营养状况亟待改善。解决未来一代学生体质健康不断下降的问题已成为当务之急。

2006年12月23日，教育部、国家体育总局、共青团中央联合下发的《关于开展全国亿万学生阳光体育运动的决定》，进一步深化了"健康第一""每天锻炼一小时，健康工作五十年，幸福生活一辈子"的健康生活理念，这是我国为改变学生体质健康状况持续下降的不利局面，推动广大学生积极快乐参加体育活动而发出的伟大号召，意义重大而深远。

阳光体育运动的要求是让中学生走向操场，走进大自然，走到阳光下。阳光体育运动也是快乐的。每个参加者在积极主动地，热情地走进丰富多彩的体育运动，在锻炼身体、强健体魄的同时，内心充满活力，充满阳光，向往阳光，享受运动带来的快乐。阳光快乐体育的目标任务是：通过持之以恒

阳光快乐体育

地参与阳光快乐体育运动,让青少年养成健康的生活方式,建立奋发向上、不断进取的人生态度,使他们未来拥有健康的体魄、坚韧不拔的意志品质、良好的心理素质、健全的人格,从而成长为有中国特色的社会主义事业的合格建设者和接班人,为未来拥有成功的人生打下坚实的基础。

为此,我们编写了这套丛书,真切希望为广大青少年全面认识和了解丰富多彩的体育运动、选择适合自己的运动项目提供一个平台,为他们更好地掌握科学的锻炼方法、获得运动健康知识提供一个窗口,从而为形成"人人参与、个个争先"的、生气勃勃的校园体育锻炼氛围,为阳光快乐体育运动的顺利开展和有效实施作出微薄的贡献!

适合青少年学生的体育运动项目繁多,各有特色,本系列丛书所涵盖的运动项目主要分为两大类:奥运项目和青春时尚系列运动项目。其中奥运项目包括:篮球、足球、排球、乒乓球、羽毛球、网球、游泳、跳水、花样游泳、赛艇、皮划艇、帆船、水球、田径、体操、艺术体操、重竞技运动、跆拳道、手球、棒球、垒球等;青春时尚系列运动项目主要包括:健美操、青春时尚系列、户外运动、武术套路运动、散打运动等。丰富多样的运动项目体现了本丛书的全面性、系统性的特点。

本丛书另一个特点是以图文结合的形式介绍每种运动项目,以图释文,图文并茂,让各种动作技术变得易懂易学。这能让青少年更形象、更轻松地理解每一个技术动作,也能更好地培养青少年的空间思维能力,增加学习兴趣。此外,本丛书按教材的逻辑结构编写,每个运动项目介绍内容包括:运动项目的起源与发展→运动项目的基本技术技能→运动项目的快乐入门→运动项目的综合知识→运动项目的竞赛规则→运动损伤及处理措施。条理清晰,简单易懂,让读者在轻松快乐学习该运动项目技术动作的同时,也可了解到相关的一些理论知识。我们衷心希望每个青少年都能将体育运动真正融入到生活、学习和成长过程中去,都能在体育运动中体验快乐,体验快乐的生活方式。祝福每一位青少年都能健康快乐地成长!

本丛书编写过程中,得到了很多朋友的帮助,也从很多同行的著述中得到了启发,在此表示深深的感谢!

编 者

目录 Contents

体操篇

第一章 体操运动概述 …………… 3
 第一节 起源、沿革及奥运发展史
  ………………………………… 3
  一、体操运动的起源 ………… 3
  二、体操运动的沿革及奥运发展史 ……………………………… 4
 第二节 体操运动的特点 ……… 9
  一、内容丰富，形式多样，观赏性强 ………………………… 9
  二、锻炼身体的全面性 ……… 9
  三、艺术性和创新性 ……… 10
 第三节 体操的健身价值 …… 11
  一、促进青少年身体基本素质的发展 …………………………… 11
  二、增强意志品质 ………… 11
  三、培养自律性 …………… 11
  四、塑造形体美 …………… 11
 第四节 我国体操运动的发展历程
  ………………………………… 12
  一、古代体操 ……………… 12
  二、近代体操 ……………… 13
  三、现代体操 ……………… 13

第二章 体操运动的综合知识 … 16
 第一节 体操运动的几大赛事
  ………………………………… 16
  一、奥运会体操比赛 ……… 16
  二、世界体操锦标赛 ……… 19
  三、世界杯体操赛 ………… 20
 第二节 如何欣赏竞技体操 … 20
  一、竞技体操是惊险性和难度美的结合 ……………………… 20
  二、竞技体操是技巧性和音乐的完美结合 …………………… 20
  三、竞技体操体现了人体美 … 20
  四、竞技体操呈现出艺术美和

造型美 ………………… 21

第三节 中国体操名人简介 … 22
  一、李宁 ………………… 22
  二、李小鹏 ……………… 22
  三、邹凯 ………………… 23
  四、杨威 ………………… 23
  五、马燕红 ……………… 24
  六、程菲 ………………… 24
  七、何雯娜 ……………… 25
  八、陆春龙 ……………… 25

第四节 体操基本技术 ……… 26
  一、技巧动作 …………… 26
  二、跳跃动作 …………… 34
  三、单杠动作 …………… 38
  四、双杠动作 …………… 45

第五节 体操重要规则 ……… 52
  一、自由体操 …………… 54
  二、鞍马 ………………… 55
  三、吊环 ………………… 55
  四、跳马 ………………… 55
  五、双杠 ………………… 56
  六、单杠 ………………… 57
  七、平衡木 ……………… 57

第三章 体操基础入门 ……… 59
  第一节 力量的快乐练习 …… 59

第二节 单杠上运动快乐练习
  ………………………………… 63
第三节 跳马技术快乐入门练习
  ………………………………… 64

第四章 体操中常见的运动损伤
  ………………………………… 66
第一节 体操中常见的运动损伤
  ………………………………… 66
  一、手的胼胝伤 ………… 66
  二、颈椎损伤 …………… 66
  三、下法引起的损伤 …… 67
第二节 体操运动中运动损伤的
      原因 ……………… 67
  一、思想上不够重视 …… 67
  二、技术上的错误 ……… 67
  三、身体功能和心理状态不良
  ………………………………… 68
  四、不良气象的影响 …… 68

艺术体操篇

第一章 艺术体操概述 ……… 71
第一节 起源、沿革及奥运发展史
  ………………………………… 71

第二节　艺术体操的特点和价值 …………………………… 73
　　一、动作的优美性 …………… 73
　　二、音乐是艺术体操的灵魂 …………………………… 73
　　三、艺术体操必须合理地运用器械 …………………… 73
第三节　艺术体操的价值 …… 74
　　一、增强体质 ………………… 74
　　二、塑造形体 ………………… 74
　　三、培养气质 ………………… 74
　　四、娱乐身心 ………………… 74
第四节　艺术体操的发展历程 …………………………… 75

第二章　艺术体操的综合知识 … 78
　第一节　艺术体操的几大赛事 …………………………… 78
　第二节　如何欣赏艺术体操 … 79
　第三节　场地器材 …………… 80
　第四节　艺术体操的基本技术 …………………………… 81
　　一、人在空间的基本姿势 … 81
　　二、手臂基本部位 …………… 83
　　三、腿形 ……………………… 86
　　四、徒手的基本动作 ………… 87
　　五、持轻器械基本动作练习 …………………………… 99
　第五节　艺术体操的重要规则 …………………………… 113
　　一、总则 ……………………… 113

第三章　艺术体操的基础入门 …………………………… 116

蹦床篇

第一章　蹦床运动概述 ……… 123
　第一节　蹦床运动的起源、改革及奥运发展史 ……… 123
　第二节　蹦床运动的特点 …… 125
　　一、腾空高 …………………… 125
　　二、动作准 …………………… 125
　　三、难度大 …………………… 125
　　四、姿态美 …………………… 126

第二章　蹦床运动的综合知识 …………………………… 127
　第一节　蹦床运动的几大赛事 …………………………… 127
　　一、奥运会蹦床比赛 ………… 127

二、世界蹦床锦标赛……… 128
三、蹦床世界杯……………… 129
四、亚运会蹦床比赛………… 129
五、国内蹦床赛事——全运会蹦床比赛……………………… 130

第二节　如何欣赏蹦床运动
…………………………… 130

第三节　蹦床的重要规则…… 132

一、蹦床比赛评委…………… 132
二、比赛难度级别…………… 132
三、其他蹦床比赛规则……… 132

附录　专业词汇中英文对照表
…………………………… 134

主要参考文献………………… 135

体操等

第一章　体操运动概述

体操
Artistic Gymnastics

体操运动对青少年的身体发育有特别重要的作用，可促进青少年的正常发育，提高身体全面发展水平，改善和增强我国人民的体质，为运动的技术水平打下良好的基础。普及体操基本知识，学习体操的基本技术，进行体操知识教育，能使青少年了解体操对身体的作用，并能根据自己身体的特点进行科学的锻炼。青少年是社会主义未来建设的希望，目前正处于长身体的时期，为此，要在中小学广泛开展体操活动，使他们学习和掌握体操的基本技术和技能，促进身心的全面发展。

第一节　起源、沿革及奥运发展史

一、体操运动的起源

古代的体操起源于原始舞蹈。从时间顺序上可以称之为"体操前"活动，从本身属性上讲，称之为"类体操"活动。原始舞蹈大体可分为两大类：狩猎舞蹈和图腾崇拜的祭祀活动。当人们通过舞乐而达到祛病健身目的的时候，就是原始体操活动的萌芽了。

图 1-2

阳光快乐体育

图 1-3

"体操"一词出自古希腊语 Gymna-sitike（裸体），因为古代希腊人在进行各种身体锻炼活动时，均裸体。公元前5世纪，希腊人把锻炼身体的一切活动，诸如跑、跳、投掷、攀登、摔跤、舞蹈、骑马、军事游戏等统称为体操，这种概念被沿用了很久。

图 1-4

图 1-5

图 1-6

二、体操运动的沿革及奥运发展史

现代体操出现于欧洲18世纪，在"德国体操之祖"古兹穆茨的倡导下出现了体操运动。到18世纪末19世纪初，"德国体操之父"F. L. 杨在古兹穆茨建立的体操体系基础上创建了以器械练习和军事游戏为基础的民族体操体系。他在继承和发展原有的吊环、鞍马、单杠运动的基础上，开创了双杠、吊绳、吊杆等项目，并改革了木马、跳箱、跳跃等器械。

19世纪初，继德国体操之后产生了瑞典体操。瑞典体操的代表人比尔·亨利克·林。他将体操分为教育体操、医疗体操、健美（艺术）体操，并发明了一些实用器械，如体操凳、体操梯、水平绳、斜绳、木马、平衡木等，进一步丰富了体操的内容。瑞典体操体系建立起体操的基础理论，使体操的发展建立在人体解剖学、生理学及卫生学基础上，并沿着科学化的方向发展，为体操的科学化发展打下了基础，在近代世界体育运动发展史上占有重要的地位。

图1-7

体操运动发展到现代奥林匹克时期，终于展露出现代体操的雏形。1896年首届奥运会设立了男子体操比赛，但项目比较杂乱，甚至包括赛跑、跳远、爬绳等。1903年第1届世界体操锦标赛在比利时举行，参加的国家只有比利时、法国、卢森堡和荷兰。当时的比赛项目不仅有单杠、双杠、吊环等，还有游泳、赛跑、跳远、跳高等。比赛更像是考察运动员的综合能力，与现在的体操全能的意义毫无关系。1905年第2届世界体操锦标赛时，爬绳等项目仍旧保留，而现代体操不可缺少的吊环却被取消了，直到1909年才重新被列为比赛项目。世界体操锦标赛中的游泳项目直到1922年才被废除。1946年，国际体操联合会技术委员会提出由包括裁判长在内的5人裁判组及有效分的概念提案。1949年正式出版了第一部国际体操比赛的评分规则。

国际竞技体操历经一个多世纪的风风雨雨，其发展大体可分为以下几个阶段：

第一阶段：体操初级阶段。

图1-8

20世纪50年代以前是竞技体操发生和发展时期。这一时期的比赛项目繁杂，内容也不固定，技术水平较低。那时的体操比赛，除了器械体操项目外，还把田径、举重游泳等17个项目作为比赛内容。在这个阶段里，捷克、法国、意大利等国体操运动开展得较好。

第二阶段：竞技体操形成和完善阶段。

图1-9

图1-10

50年代开始体操有了很大变革，比赛开始分为男子六项、女子四项，采用团体赛、个人全能、个人单项比赛的竞技记分方法。由于竞赛内容的固定，竞赛规则进一步充实和完善，并对难度动作进行了分类，划分出不同的难度组别，大大促进了体操技术的发展和成熟。在整个50时年代，苏联体操队一直处于世界领先地位。

第三阶段：竞技体操飞速发展阶段。

1960年日本体操男队以自选动作难度高、创新强，并以高规格、高质量完成规定动作，在第17届奥运会上战胜了苏联队，开始称霸世界体坛长达18年。

为了顺应体操技术的飞速发展，促进竞赛规则更新完善，1968年规则规定了男子在决赛中采用"三性"加分（保险性、熟练性、独特性）。

第四阶段：打破一国独霸的局面，竞技体操进入新崛起、群星争霸的新阶段。

70年代以来，体操运动技术发展突飞猛进。以日本著名运动员原光男首创单杠"旋"空翻下为先导，体操技术的发展迈向新的领域，体操项目向高难度发展。

为了夺取金牌，各国都致力于难度的提高和编排的创新，新难度动作、新技术不断涌现。同时参加团体赛的国家也日益增多，各国在团体赛中比分差距逐渐缩小，全能和单项一两国独占优势的局面逐渐打破，技术方面也打破了一个难度动作保持好几年的状况。

70年代，男子体操方面，日本男队继续保持团体优势，但1979年以后，苏联男队占据领先地位，而后1993年的第22届世界体操锦标赛上，中国男队跃居第一；女子方面，苏联女队继续保持优势，1979年在第22届世锦赛上，罗马尼亚女队一举夺魁。

图1-11

1984年第23届奥运会上，美国队获得男子团体冠军，罗马尼亚队获得女子团体冠军。

进入90年代，随着竞技体操的复杂化、选手年轻化、训练手段科学化程度的不断提高，规则也逐年变化：在以前"D"组难度动作基础上又新增了"E"组高难动作。

2001年后随着体操新规则的实施，体操发展也出现了明显的变化：对加分难度动作的要求更高；对动作重复的要求更为严格，这都是新规则的发展方向。

由此可见，当今的竞技体操已步入超常规的发展中，今后的世界大赛，竞技体操正向着力、美、难、新、稳的方向发展。

体操成为专门的体育比赛活动，特别是成为竞技性体操，经历了一段发展与完善的过程。

以奥运会体操比赛记载为例，1896年第1届雅典奥运会，设立了鞍马、吊环、跳马、双杠和单杠项目，还有爬绳。但没有自由体操项目，也只有男子体操比赛。

图1-12　吊环

图1-13　跳马

阳光快乐体育

图1-14　鞍马

图1-17

图1-15　单杠

在以后的奥运会上，体操比赛先后增设了火棒操（后改为轻器械体操）、瑞典式体操、欧洲式体操等体操比赛。

1932年洛杉矶第10届奥运会上，增设了自由体操，使竞技体操初具规模。1936年的柏林第11届奥运会上，体操比赛才真正形成目前的男子6项比赛，轻器械体操、瑞典式、欧洲式等体操比赛则从男子体操比赛中取消。这次奥运会还开设了女子体操比赛项目，但女子比赛项目的完善与定型是在1960年的第17届罗马奥运会才完成的。

图1-16

图1-18

图1-19

1984年，第23届洛杉矶奥运会，艺术体操被列为正式比赛项目。

2000年，第27届悉尼奥运会，蹦床成为正式比赛项目进入奥运会。

第二节　体操运动的特点

一、内容丰富，形式多样，观赏性强

图1-20

图1-21

体操的内容十分丰富，不同的人群可以根据年龄、性别、职业、身体条件、训练水平以及不同的设备条件，因人、因时、因地制宜，选择适合自己的不同项目与动作进行练习，达到增强体质、促进健康和提高运动技术水平的目的。

二、锻炼身体的全面性

图1-22

体操完成动作的方法灵活多样，如倒立、转体、屈伸、支撑、悬垂、滚翻和跳跃等。合理的选择项目与内容，坚持锻炼，能提高人体的协调性、灵敏性、柔韧性等，促进人体全面发展。

三、艺术性和创新性

体操中的广播体操、健美操、女子自由体操等都是在音乐的伴奏下进行的，将音乐融于动作之中，来展现动作美、音乐美、服饰美、精神风貌美，充分体现了体操运动健、力、美等艺术魅力，展示其艺术特色。

创新是体操的生命。竞技体操技术发展的许多实践表明，运动员除了具备超群的身体素质和心理素质外，同时还必须具备创新的难度动作、连接、编排不同风格等能力，才能在比赛中获得优异的成绩。因此，不断创新是体操运动发展的灵魂。

如在体操教学训练和比赛中，对单个动作或成套动作，都要求动作准确、协调、幅度大、节奏感强、姿势优美。团体操、女子自由体操、艺术体操和技巧运动必须有音乐伴奏，再加上体操运动员本身的体型美，能给观众一种美的享受。像徒手体操创编不仅要根据不同的目的任务，而且还要依据它的学习对象，进行有创造性的选编动作。

图1-23

图1-24

第三节　体操的健身价值

一、促进青少年身体基本素质的发展

体操内容丰富、项目众多，可以全面发展青少年身体素质。

二、增强意志品质

器械体操技术动作形式多样，练习者需要表现出勇敢、果断的意志品质和战胜困难的信心来克服器械障碍和自身重量完成动作技术，坚持练习对培养青少年良好的意志品质具有特殊的作用。

三、培养自律性

体操中的队列练习，要求练习者按照规定协同一致地完成动作，可以培养组织纪律性及克服随意动作的自觉性。

图1-26

四、塑造形体美

体操中许多内容是塑造健美体形的有效方法和手段。

图1-25

图1-27

第四节 我国体操运动的发展历程

我国体操有着悠久的历史，根据它的发展历史，可以分为古代体操、近代体操和现代体操三个发展阶段。

一、古代体操

体操在我国有着悠久的历史，早在远古时代，人们在打猎、捕鱼、采集果实等劳动中，提高了攀登、爬越、跳跃、走、跑等技能。这些赖以生存的生活技能可以看做是古代体操的萌芽。大量的文物和史料记载了我国古代体操产生和发展的历程，我国古代体操可归纳为两大类。

图1-28

第一类，强筋骨、防疾病的体操。"体操"一词在古代中国虽无从考证，却有类似体操中的"养生"、"导引"、"乐舞"和"百戏"等健身方式与健身活动，充分体现古代体操浓郁的文化性和养生健体的特色。

图1-29

第二类，反映在古代歌舞、戏剧、杂技和流传于民间的技巧运动。

像出土的西汉乐舞杂技陶俑中，有做手倒立、后手翻等动作的陶俑以及古代军事训练中的队伍变化和集体操练中含有团体操的表演活动。

图1-30

二、近代体操

旧中国时体操发展滞缓。在鸦片战争之后，西方的器械陆续传入我国并被运用于军事训练、学校教育、日常锻炼等活动中。首先传入我国的是德式体操的兵操和器械体操，随着洋务运动的发展和对日派出留学生的增多，日本化的德国、瑞典体操也随之传入。接着美国式的德国、瑞典体操也进入我国。

图 1-31

1908 年，第一所体操学校在上海成立。教学内容仅限于徒手操、轻器械体操、器械体操和垫上运动。由于条件的限制以及战争的影响，旧中国体操运动的发展十分缓慢。1948 年，在上海举行了一次全国运动会，体操参加运动会也仅作为一个表演项目，项目只有单杠、双杠和跳箱，而且运动员人数很少，技术水平很低。随着中华人民共和国的成立，党和政府开始关注人民的身体健康问题，体育运动得到重视，体操得到了广泛深入的发展。

三、现代体操

新中国成立后，我国现代体操可以分为学校体操、群众体操以及竞技体操。

（一）学校体操和群众体操

1951 年 11 月 24 日，原国家体委公布了第一套成年人广播体操。

图 1-32

图 1-33

阳光快乐体育

图 1 – 34

图 1 – 35

在随后几年里，先后公布了第一套少年和儿童广播体操。在随后的50多年里，我国已经推广22套适合各种人群锻炼的广播体操。广播体操的推广极大地推动了学校体育和群众体育的发展，对增强人民体质、促进身心健康起到积极的作用。

此外，体育工作者根据不同工种的劳动特点，创编和推行了各种生产操，对增强职工体质、提高生产效率起到良好的作用。1954年，我国普遍推行"劳卫制"，对学校开展体操活动起到了推动作用。1979年，教育部和国家体委联合颁布试行《高等学校体育工作暂行规定》和《中小学体育暂行规定》，这两个文件成为学校体育工作的指导性文件，促进了体操在学校体育中的开展。

图 1 – 36

1995年，随着《全民健身计划纲要》的颁布与实施，许多健身、健心、健美、娱乐身心、陶冶情操的体操内容深受广大群众们的热爱，体操已经成为全民健身的主要内容。

（二）竞技体操（artistic gymnastics）

竞技体操指所有以竞赛为目的体操，包括竞技体操、竞技健美操、蹦床运动、艺术体操等。

（1）竞技体操逐渐成为我国竞技体育的优势项目。1953年在北京举办了第一次全国田径、体操、自行车运动会，参加体操比赛的运动员少，项目不全，水平不高。同年9月，苏联体操队来华访问表演，对我国体操运动的发展起到了重要的推动作用。

图1-37

（2）1958年，我国运动员第一次参加世界大型体操比赛，在第14届世界体操锦标赛上，我国男子体操队获得团体第11名，女子体操队获得第7名。1962年男队和女队团体在所参赛队伍中的名次都有了很大的提高，男子跃居团体第4名，女子获得团体第6名，于烈峰夺得男子鞍马第3名，意味着我国竞技体操已经进入世界先进水平的行列。

（3）1964年，我国体操退出国际体操组织。1978年，国际体操联合会重新恢复我国在国际体联的合法地位。时隔14年后的第20届世界体操锦标赛上，我国运动员发挥出色，用获得的优异成绩，写下了中国体操历史的新篇章。

图1-38

（4）进入20世纪80年代，历经几代体操工作者和运动员的努力拼搏，我国终于跨进世界体操强国的行列。20世纪90年代，在体操赛制、规则等发生重大变化的情况下，我国运动员在世界杯、世界体操锦标赛、奥运会等大赛上屡次取得优异的成绩，充分显示我国体操雄厚的整体实力。从1995年开始，每年都举办全国性的体操比赛，运动员逐年增加，技术水平不断提高。进入21世纪，我国体操持续稳定地保持世界领先水平。

（5）50年来，从我国体操的发展史可以看出，我国的竞技体操走过了一条坎坷的发展之路，是由起点低、基础差，经过一代代人的不懈努力，从低到高、由弱到强发展起来的历史。

第二章 体操运动的综合知识

竞技体操是体操运动中的重要部分，它是高等学校体育专业学生学习的主要课程。对发展青少年的身体素质和身心健康具有重要的作用。

第一节 体操运动的几大赛事

世界竞技体操有三大比赛，即奥运会体操比赛、世界体操锦标赛、世界杯体操比赛。

一、奥运会体操比赛

1896年，国际体操联合会成立，同年在希腊举行的第1届奥运会上，举办了首届奥运会体操比赛。由于第一次世界大战和第二次世界大战，第6、12、13届（1916年、1940年、1944年）奥运会体操比赛未能举办。早期的奥运会体操比赛，除了双杠、单杠、鞍马、吊环等器械体操外，还有跳高、跳远、铅球、100米、撑竿跳高、爬绳、拔河等项目。1928年，奥运会增设了女子体操比赛。1936年奥运会和1952年奥运会分别确定了男子比赛项目为六项、女子比赛项目为四项，并一直沿用至今。

（一）奥运会体操比赛设项

类别	男子	女子
体操（竞技体操）	自由体操、鞍马、吊环、跳马、双杠、单杠	跳马、高低杠、平衡木、自由体操
艺术体操		集体项目：同器械、不同器械 个人项目：绳、圈、球、棒、带
蹦床	男子网上个人	女子网上个人

1. 跳马（Vault）

图2-2

跳马长1.6米、宽0.35米、高1.25米。

所有跳马动作必须用双手撑马，助跑的长度根据个人安排。

跳马动作可以根据在空中的不同腾空类型分为几个组别，在跳马之前，教练员所举的号码代表了不同的动作。

2. 高低杠（uneven bar）

高低杠高杠高2.4米、低杠高1.6米，两杠之间的距离为1.6米。规则中对成套动作的不同难度的组合要求、低杠和高杠之间的转换次数以及腾空动作的难度、转体的难度均有具体的要求。

图2-3

3. 平衡木（balance beam）

图 2-4

平衡木长 5 米、宽 0.1 米、高 1.2 米。

平衡木有完成时间的限制，对于成套的动作难度和空中技巧串均有严格规定。

4. 自由体操（floor exercise）

根据国际体操联合会的规定，标准自由体操场地要求如下：

长：12 米　　　宽：12 米

大部分比赛的专用场地在地板下面装有弹簧或橡胶，使场地富有弹性，这样可以跳得更高，并减少运动员落地时的冲击力。自由体操明确规定了边界，界外的区域由其他颜色的地毯标志或贴着明显的胶带。大部分场地在规定场地外还留有一部分的安全区域，在运动员不幸摔倒出界时起保护作用。

图 2-5

男子自由体操的时间限制是 70 秒，女子是 90 秒，且女子比赛可以有配乐。

5. 鞍马（pommel horse）

图 2-6

鞍马高 1.05 米，环高 12 厘米。

鞍马是在马的所有部位，用不同的支撑方式完成不同的全旋和摆越动作。做全旋时，以并腿全旋为主。允许有通过手倒立加转体或不加转体的动作，不同的结构组的动作必须在充分的摆动中完成，不能停顿，该项目中不允许有力量动作。

6. 双杠（parallel bar）

双杠高1.75米。

双杠是由众多结构组中选出的摆动和飞行动作组成，通过各种支撑和悬垂动作来过渡完成。在双杠项目上做上法时，要求必须从并腿站立姿势开始，不得有预先动作，一套动作中最多允许有三个停顿动作或静止动作，其他大于或等于1秒的停顿将不被允许。

成，以各种握法不间断地完成动作，它包括大回环、近杠动作、围绕身体纵轴的转体及飞行动作。允许有两次过杠下垂面的单臂摆动动作。单杠要求有一定难度的腾空。

图2-8

二、世界体操锦标赛

世界体操锦标赛是国际体操联合会组织的规模最大的世界性体操比赛，首届世界体操锦标赛于1903年进行，每两年举行一次，从1922年的第7届开始，改为每四年举行一次，由于第一次世界大战和第二次世界大战，其间中断过两届。1978年第19届世界体操锦标赛后，又改为每两年举行一次。为了保证世界体操锦标赛与奥运会不在同一年举行。1979年举行了第20届世界体操锦标赛，1992年，国际体操联合会将世界体操锦标赛改设为团体赛和单项赛两种

图2-7

7. 单杠（horizontal bar）

单杠高2.55米。

单杠整套动作都是由摆动动作组

形式。

三、世界杯体操赛

世界杯体操赛开始于1975年，到1990年为止，共举行了8届。世界杯体操赛对参赛运动员的资格作了规定，参赛选手必须是在上一届世界体操锦标赛上获得全能前18名和各单项前6名的选手，且只进行自选动作的比赛。因此，世界杯体操赛事世界优秀体操运动员之间的比赛。1991年，世界杯体操比赛正式取消，这更有利于运动员进行针对奥运会和世界体操锦标赛的系统训练。

第二节　如何欣赏竞技体操

一、竞技体操是惊险性和难度美的结合

它包括有许多难度技术动作，具有全面性、复杂性、准确性、惊险性和艺术性的特点。

图2-10

二、竞技体操是技巧性和音乐的完美结合

如自由体操动作通过艺术与技术的完美结合，带给人美的震撼。它对人体的体能，技术和心理等方面提出了更的要求。

图2-11

三、竞技体操体现了人体美

竞技体操展现了人体力学美，使人体达到力量与柔韧的平衡统一，提升人的平衡感、柔韧性。

观赛礼仪：

（1）观看体操比赛应提前到场，比赛结束后再退场。不要拥挤，要尊老爱幼。

图 2 - 14

图 2 - 12

四、竞技体操呈现出艺术美和造型美

竞技体操要求艺术与运动、力和美的和谐统一。在运动中体现艺术和人体线条的美感。

（2）比赛时，不要随意走动。在场地内不要高声说话。观赛时应将手机关机或设置在震动、静音状态。

图 2 - 15

（3）学习必要的竞赛知识，既要欣赏运动员精湛的技艺，也要感受他们的顽强作风和内在品质。

图 2 - 13

阳光快乐体育

图2-16

（4）运动员做动作时不要使用闪光灯拍照、不要高声加油。

图2-17

第三节　中国体操名人简介

一、李宁

1963年，李宁出生于广西。17岁进入国家体操队，1981年，他获得了世界大学生运动会男子自由体操、鞍马、吊环三项冠军。1982年第6届世界杯体操赛上，李宁一人独得男子全部7枚金牌中的6枚，创造了世界体操史上的神话，被誉为"体操王子"。

图2-19

二、李小鹏

图2-18

图2-20

在1997年洛桑世界体操锦标赛上，年仅16岁的李小鹏就与队友一起获得了团体冠军。迄今为止他的世界冠军数量已达到15个，超过了"体操王子"李宁保持的14个的纪录。

2002年11月18日国际体联宣布，体操动作"踺子后手翻转体180度接直体前空翻转体900度"以李小鹏的名字命名，即"李小鹏跳"。

2003年8月17日国际体联宣布，将体操动作"挂臂前摆屈体后空翻两周成挂臂"命名为"李小鹏挂"。

三、邹凯

图2-21

图2-22

邹凯，四川泸州人。目前男子体操队主力成员中最年轻的一位，强项是自由操和单杠。曾在2006年和2007年连续两届体操世锦赛上与队友一起夺得男团冠军。他的强项在男队中起到了补缺的作用，2008奥运会上夺得3枚金牌。

四、杨威

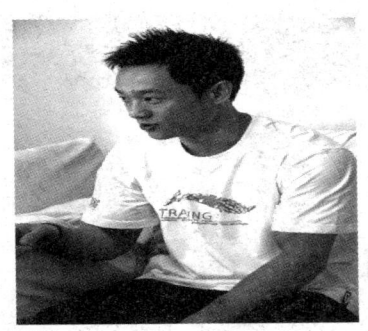

图2-23

图2-24

创造世界最高难度，蝉联体操世锦赛"王中王"，成为其81年历史上

首位卫冕个人全能冠军的男选手，现在的杨威已然成为中国男子体操的领军人物。从1997年八运会开始，杨威便在此后的国际国内体操大赛中战功显赫，到2007年世锦赛为止，杨威在奥运会和世锦赛上仅金牌就获得了8枚。

五、马燕红

1979年12月。在美国举行的第20届世界体操锦标赛上，以19.825分的优异成绩夺得冠军。15岁的马燕红从而成为中国体坛上一位最年轻的世界冠军。

1984年8月，美国洛杉矶举行的第23届奥运会体操比赛，获高低杠冠军，成为中国女子体操第一个奥运会冠军。

图2-25

图2-27

图2-26

1978年上海国际体操邀请赛，以9.95分成绩获高低杠冠军。

六、程菲

图2-28

程菲是中国女队近两年涌现出来的一颗新星！她的腿部力量出众，使中国女队在弱项跳马和自由操上有了重大突破。她在跳马上独创的动作"腱子后手翻转体180度接前空翻540度",不仅在2005年的38届世锦赛上为中国女子体操获得了首枚跳马金牌,同时也被国际体联命名为"程菲跳"。程菲从此一夜成名,包揽了2005年所有体育明星的评选奖项,人气指数直线上升!

七、何雯娜

图 2-29

图 2-30

奥运会蹦床女子决赛里,资格赛排名第一的19岁中国小将何雯娜以37.80分的成绩获得冠军。这也是中国代表团在历届奥运会上获得的第一块蹦床项目的金牌。

八、陆春龙

图 2-31

图 2-32

2001年参加比赛,是中国男子蹦床的一名后起之秀。在2007年世锦赛上尽管资格赛高居第四,但由于名额所限,未能参加决赛,但其同样具备了争夺金牌的实力。2008年北京奥运会为我国男子蹦床运动夺得第一枚金牌。

第四节 体操基本技术

体操的基本技术包括技巧动作、跳跃动作、单杠动作、双杠动作等几个方面。对场地器材的要求不高，甚至可以在平地或草坪上进行练习，是青少年非常喜欢又易于开展的运动项目。

一、技巧动作

技巧动作内容丰富，形式多样，

（一）前滚翻

图2-33

动作做法：蹲撑，蹬伸腿、膝，同时屈伸、含胸、经头的后部、颈、背、臀依次触垫前滚，当经过背时，两手迅速抱小腿跟上体成蹲立姿势。

（二）团身后滚翻

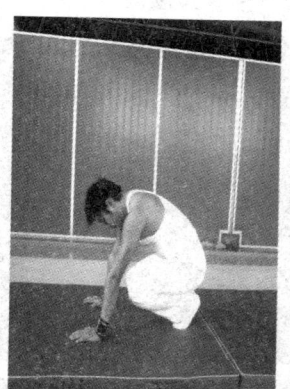

图 2-34

动作做法：由蹲撑开始，身体重心前移，随即两手推垫，使身体迅速向后移，接着低头团身向后滚动，同时两手放于肩上，使臀、腰、背、肩依次着地。当滚动至头部时，两手在肩上用力推撑，抬头。两手在肩上用力推撑，抬头，两脚落地成支撑。

（三）前滚翻直腿起

图 2-35

动作做法：蹲撑，蹬伸踝、膝关节，两手较前滚翻稍远撑地，屈臂、低头、含胸经头的后部、颈、背、腰臀部位前滚，当滚至臀部时，上体迅速向前压叠，同时两手在膝部外侧快速向后撑地，经屈体成直立姿势。

（四）屈体后滚翻

图 2-36

动作做法：直立，上体前屈，重心后移，两手后伸在两膝外侧撑地，当臀部落地后上体后倒，收腹举腿翻臀，屈体后滚，滚至背着地时，两手放于肩上用力推手，翻转过头，收腹，屈体立撑成直立。

(五) 鱼跃前滚翻

图 2-37

动作做法：由两臂成半蹲姿势开始，两臂前摆，同时两腿用力蹬地向前上方腾空，当手撑地后，缓冲屈臂，低头含胸经头后部依次着地完成前滚翻后半部分动作。

（六）手倒立前滚翻

图 2－38

动作做法：由手倒立开始，脚尖远伸直臂前倒，当感到失去平衡时，随即直臂前倒，头后部支撑着垫开始滚动，低头，含胸、收腹做前滚翻动作，当背部着垫时迅速团身抱腿起立。

（七）侧手翻

图 2-39

动作做法：由右脚站立，左腿侧举，两臂侧举开始，上体左侧倾倒，右脚屈膝身体侧屈下压，蹬伸左膝，右腿向侧上方摆起，左手撑地，右臂侧压右耳撑地，经分腿倒立姿势。

（八）单腿全旋

图 2-40

阳光快乐体育

动作做法：以绕左腿为例，两手撑地，右腿全蹲，左腿侧伸开始，左腿沿地面向前、向右绕越，同时上体在两手支撑作用下又右向左依次移动，此时，重心及时前移至两手，右手稍蹬地提臂，使左腿迅速从右腿下绕至左侧，回到开始动作。

（九）俯平衡

动作做法：直立开始，单腿支撑，另一腿慢慢后举上体前屈，当腿举至最高点时抬头、挺胸、挺髋、两臂侧举成俯平衡，稳定姿势。

图2-41

（十）侧平衡

图2-42

动作做法：由直立姿势开始，一腿站立，一腿侧举，同时上体侧屈，一臂上举贴于耳根部，另一臂稍屈于体后成侧平衡姿势。

（十一）纵劈腿

动作做法：由前后分腿站立开始，后腿或前腿滑落成前后分腿坐姿势，两臂侧举，抬头挺胸，上体挺直。

图2-43

（十二）横劈腿

动作做法：由左右大分腿立撑开始，两腿左右滑落左右分腿坐姿势，成一直线。两臂侧举。

图2-44

（十三）桥

动作做法：屈膝仰卧，两手肩上翻撑地；腹部上挺，尽力体后屈，抬头；腿、臂伸直成"桥"行。

图 2-45

（十四）肩肘倒立

图 2-46

动作做法：坐撑姿势开始，上体后倒，收腹举腿、翻臀；当脚尖至上方时，两臂在体侧下压，两腿上伸，髋关节充分挺开、收臀；当背部大部分离地时，屈肘用双手的虎口顶住背，停止在肩肘倒立位置。

（十五）头手倒立

图 2-47

动作做法：蹲撑开始，两手在体前撑地与肩同宽，用头的前额上部约成等边三角形处顶垫，颈部挺直使头、手支撑约成等边三角形。一腿稍用力蹬地，另一腿向上摆；接近倒立时，并腿上伸，这时两肘加紧固定，身体挺直成头手倒立。

（十六）手倒立

图 2－48

动作做法：直立，两手由向上举开始，上体前屈两手向前撑地与肩同宽，左腿上蹬地，右腿后摆，当蹬摆接近支点垂直面时，蹬地腿向摆动腿并拢、含胸、立腰、顶肩、收腹成手倒立。

二、跳跃动作

跳跃动作是各类学校体育教学的主要内容，跳跃动作包括一般跳跃和支撑跳跃两大类。一般跳跃时支撑跳跃的基础，有弹板练习、跳上、跳下、跳跃障碍动作。支撑跳跃动作由助跑、上板、踏跳、第一腾空、推手、第二腾空和落地等七个技术环节构成，其中第二腾空动作的高、飘、远、美及落地的稳定性是评定整个动作质量的主要环节。支撑跳跃有正腾跃、侧腾跃和翻转腾跃等动作。

跳跃的特点是通过腿和手臂短促有力地作用于器械，使人体在短暂的腾空时间里做出各种形式的不同的动作。经常练习跳跃动作，能有效提高运动器官，血液循环器官、呼吸器官和前庭分析器官的技能，对增强下肢、腰腹、肩带及上肢机群的爆发力有明显效果，对发展空间方位的判断能力和身体平衡的控制能力有积极地影响，对培养练习者勇敢，顽强、果断的意志品质和超越障碍的使用技能有着重要的作用。

（一）挺身跳

图 2-49

动作做法：轻松助跑"单挑双落"上板，同时两臂积极向前上方摆动，使身体向上高高腾起。接近最高点时紧腰、梗头、挺身展体，然后控制身体平衡至落地。

（二）屈体跳

图 2-50

动作做法：轻松助跑上板，充分蹬伸，积极摆臂，使身体向上腾起，接近最高点时，迅速收腹举腿，两臂前举（由上向下击脚）。梗头上顶，随即积极伸腹展体伸直身体至落地。

（三）跳转 180°~360°

图 2-51

动作做法：以左转为例，轻松助跑，垂直向上充分跳起，身体保持紧腰、伸直、利用头、臂、肩向转体一侧带动身体沿纵轴转动，手臂右臂上举，左臂伸向右腋下。当转体接近180°~360°时两臂向前上方伸展制动，平稳落地。

（四）纵箱前滚翻

图 2-52

动作做法：短距离有节奏的助跑上板，含胸摆臂起跳，眼看纵箱近端。两手撑近端两侧，屈臂缓冲，低头提臀屈体前滚翻。当滚至纵箱远端提臀部接触器械时，用力压箱，抬起伸展落地。

（五）斜进助跑直角腾跃

图 2-53

右侧斜向助跑，左脚上板踏跳。右手撑马，右腿向左前上方前摆，同时上体稍后倾，两腿高举并拢经直角撑。右手与左手依次推离并使身体腾跃器械。紧接两腿向前下压，伸髋落地。

三、单杠动作

单杠是器械体操项目之一，也是各级学校体育教学的主要项目，它动作形式多样，有摆动、摆越、屈伸、回环、腾跃、空翻、转体、上法和下法等。单杠练习不仅可以培养机智勇敢、沉着果断、勇于拼搏等优秀意志品质，而且可以发展腕、肩、髋关节的灵活性和协调性。

（一）跳上支撑

动作做法：由立正两臂伸直握杠开始，稍屈膝下蹲，两腿用力蹬地向前上方跳起，同时两臂用力压杠成支撑。支撑时上体前倾，紧腰伸髋，腿后举成支撑。

图 2-54

(二) 单腿蹬地翻上成支撑

图 2-55

动作做法：由站立悬垂开始两手正握低单杠与肩同宽，接着左腿经前向后上方迅速摆起，右腿蹬地迅速与左腿并拢，同时屈臂用力引体倒肩，腹部靠杠，当身体翻转两腿至杠后水平部位时，随之制动两腿，抬头、挺身、翻腕上成直臂支撑。

（三）骑撑前回环

图 2-56

动作做法：由两手反握右腿骑撑开始，两臂伸直顶肩撑杠，身体重心前移，右腿向前跨出，左大腿前部跌杠，同时挺胸，上体积极前倒回环。当上体回环至杠后水平部位时，制动右腿，左腿后摆，迅速抬上体，同时直臂压杠翻腕，右腿前伸上成骑撑。

（四）骑撑后回环

图 2-57

动作做法：由支撑开始，两腿先前摆，接着后摆，肩稍前移，两臂伸直撑杠，使身体后摆高度超过肩水平。接着直臂直体后倒，当身体后倒髋部触杠时，梗头，迅速踢腿，肩后倒制动，直臂压杠，腹部靠杠进行回环。待上体回环至 3/4 周时，制动腿，抬上体，抬头、挺胸、翻腕、挺身上成支撑。

（五）支撑后摆下

图 2-58

动作做法：由支撑开始，两腿前摆，肩稍前倾，接着两腿用力后摆，含胸顶肩，直臂撑杠。当后摆接近极点时，制动两腿，同直臂顶肩推杠，同时抬头挺胸，挺身落地。

（六）起撑后腿摆越转体180°成支撑

图 2-59

动作做法：由右腿开始，右手离腿外侧约25厘米反握撑杠，左臂顶杠，使重心右移，上体倒向右后方，同时展髋，左腿后举，左手离杠，接着以右臂为轴心，整个身体从头、肩、上体依次向后转动180°，左手握杠，左腿向右腿并拢成挺身支撑。

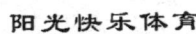

（七）背后正握跳起成屈体悬垂

图 2 - 60

动作做法：背向低单杠站立正握开始，上体前屈，稍屈膝用力蹬地，接着低头含胸、收腹提臀、沉肩，当臀部摆过杠下垂直部位后，立即制动。两臂夹紧成屈体悬垂。

（八）悬垂摆动

图 2-61

动作做法：由正握悬垂姿势开始，屈（直），身体尽量伸直，当身体前摆接近杠下垂直部位时，沉肩，并稍屈髋；摆过杠下垂直部位后，迅速向前上甩腿，以增强摆速，同时两臂伸直压杠至极点。开始后摆时，顶开肩角，尽量伸直身体，前摆接近垂直部位时沉肩，稍展髋；摆过垂直部位后，迅速向后上踢腿，并带动肩、髋运动，使身体向后上摆到最高点。

四、双杠动作

双杠是器械体操项目之一。可在正面、侧面、杠的两端做支撑或悬垂摆动，及其变换中做各种动作，动作内容丰富，变化复杂，由动力性和静力性两大类动作组成，但以动力性为主。包括摆动、摆越、屈伸、弧形、转体、空翻、倒立等。

双杠练习能发展学生上肢、肩部和腹背等身体各部分的力量与柔韧性，提高身体的灵敏和协调能力，能培养人的坚毅、勇敢和克服困难的精神。

图 2 – 62

（一）杠端跳起支撑移至远端

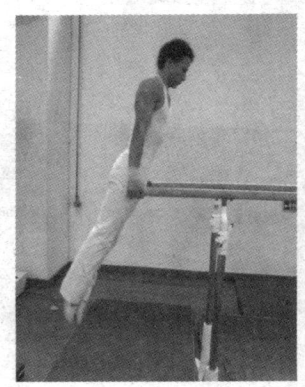

图 2 – 63

动作做法：面对杠端站立，从杠端跳上成直臂支撑开始，接着上体重心左侧，肩稍左倾，同时下肢稍向右摆，右手推离杠，向前移动一次再撑杠。然后上体重心右倒，肩稍右倾，同时下肢稍向左摆，左手推离杠，向前移动一次再撑杠，交替进行至远端。

（二）分腿坐前滚翻成分腿坐

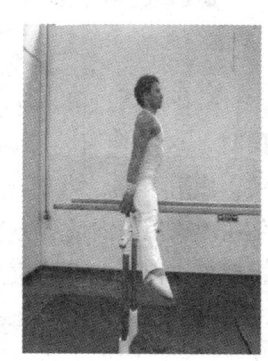

图 2-64

动作做法：分腿坐开始，两手在体前靠近大腿处撑杠，同时稍向内夹，低头含胸，上体前倒，收腹提臀，屈手臂。肩靠近两手时，两肘分开，以肩撑杠，并腿向前滚动。当臀部前移过垂直部位时，两手迅速向前换握，臀部接近杠水平时，两腿分开下压，两臂推杠，抬上体成分腿坐。

（三）支撑摆动

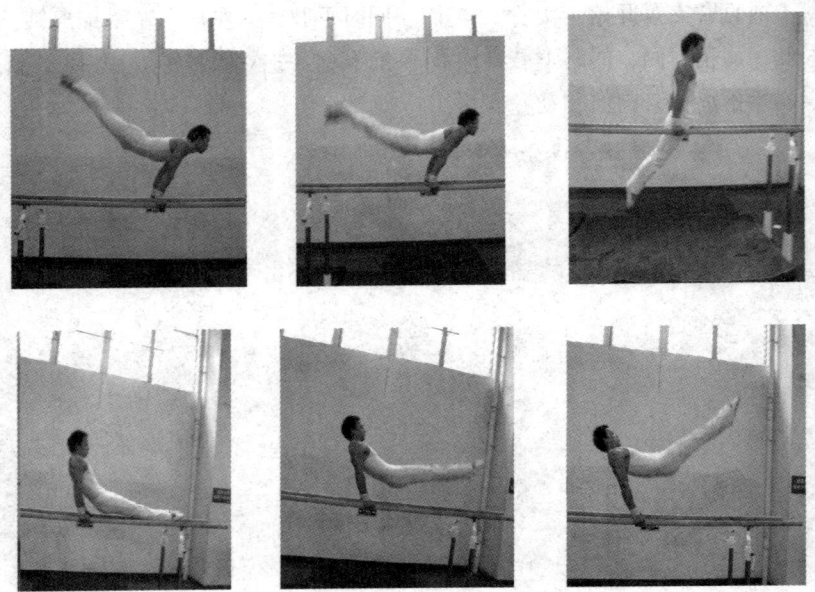

图 2-65

动作做法：由支撑开始，举腿前摆时，身体伸直，腿向后伸自然摆动，然后下摆，当摆过垂直部位时，稍屈髋，用力向前上方摆腿，同时直臂顶肩，梗头、肩角拉开。前摆到最高点时，脚尖远伸，身体伸直。后摆时，直体自然下摆，当摆至垂直部位时，用力向后上方摆腿，含胸、紧腰、直臂顶肩、肩角拉开、身体伸直，使身体后摆至肩水平线45°以上。

（四）跳上支撑前摆成外侧坐

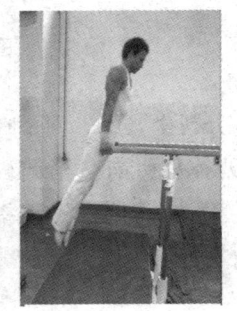

图 2-66

动作做法：面向杠端站立，从内握杠，跳起支撑前摆，腿摆出杠面后，两腿越右杠，重心右移成外侧坐。

(五) 分腿骑坐前进杠

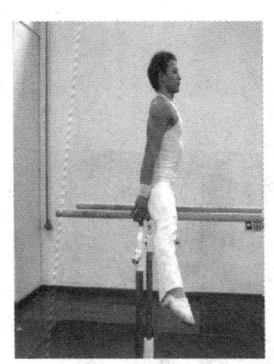 

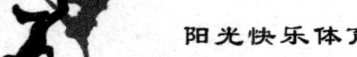

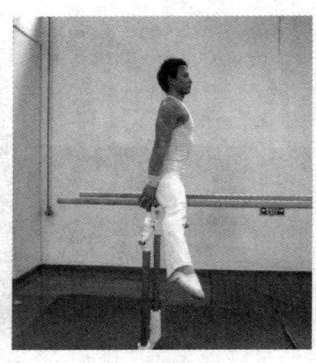

图 2－67

动作做法：由分腿坐开始，两手推离杠，身体重心前移，两腿压紧杠，抬头挺胸，两臂经侧举于体前稍远处撑杆，同时两腿伸直压杠后摆并腿进杠，接着支撑前摆成分腿坐。

（六）分腿坐慢起成肩倒立

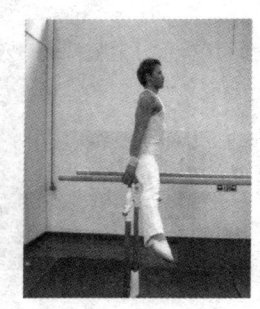

图 2－68

动作做法：由分腿坐开始，两手在贴近两肘外展大腿处撑杆，上体前屈，屈臂用力。肘稍内夹，梗头含胸，收腹提腰使臀部上升。当臀部提至垂直部位时，伸展髋关节，两腿匀速由两侧上举并拢、抬头、挺胸、紧腰，身体充分伸直成肩倒。

（七）支撑后摆下

图 2-69

动作做法：由支撑前摆开始，身体后摆过下垂直部位后，两臂伸直出杠外，同时右手快速推杠并换成左手握杠，左手推离杠摆至侧上举，保护挺身姿势落地。

第五节　体操重要规则

为了适应和推进体操技术的发展，国际体操联合会技术委员会每4年对体操规则修改一次。1997年取消了规定动作的比赛，只进行自选动作比赛。

比赛共分4种：

（1）团体和个人资格赛（第Ⅰ种比赛）。各国家奥委会可派由4~6名运动员组成的队或个人参加。在每个项目的比赛中，每队派出5名队员上场，取4个最好成绩相加作为该项目成绩，各项成绩相加作为团体成绩。体操界称之为6—5—4制。这是至关重要的一场比赛，决定参加团体决赛、个人全能决赛和单项决赛的资格。第一种比赛成绩不带入决赛。

（2）个人全能决赛（第Ⅱ种比赛）。在团体和个人资格赛中获全能成绩前24名的运动员参加该赛。以全能决赛成绩决定全能名次。

（3）单项决赛（第Ⅲ种比赛）。在团体和个人资格赛中获各单项成绩前8名的运动员参加单项决赛。以各单项决赛的成绩决定单项冠军。

（4）团体决赛（第Ⅳ种比赛）。在团体和个人资格赛中获团体成绩前8名的队伍参加该赛。在每个项目上，每队派3名运动员比赛即比赛采用6—3—3制，每个项目的3个分数都记入团体成绩。以团体决赛的成绩决定团体冠军。

比赛时，运动员要穿规范的体操服，全队着装要统一。

在鞍马、吊环、双杠和单杠比赛中，参赛运动员必须穿长裤、体操鞋（或袜子）。

男子运动员在自由体操和跳马比赛中可以穿短裤，也可赤脚。在所有比赛中运动员都要穿背心。女子运动员不得穿过露和透明的体操服，不佩戴珠宝首饰。所有的运动员必须佩戴号码。如有违反，将被扣除相应的分数。

图 2-70

运动员出场比赛前,应保持直立姿势,要举手示意,在绿灯亮或听到信号后 30 秒内必须上器械。一套动作结束,立正示意,并立即离开比赛台。动作结束后,不允许运动员重新上比赛台。

图 2-71

为避免伤害事故,在心理上给运动员以支持,在男子单杠、吊环、双杠和跳马比赛时,可以有一名教练员站在器械旁或附近进行现场保护。女子体操运动员比赛时,教练员在赛台上调整杠子,或为高低杠、平衡木移动跳板后,必须立即离开比赛台。

裁判员是比赛中的执法官。抽签决定裁判员分工。裁判员任职的依据是裁判员的考试成绩。裁判员要参加比赛中所有的裁判会,观看赛台训练。赛前至少提前一小时到达比赛场馆并认真做好赛前准备。

男子裁判员穿灰色裤子、深蓝色上衣、浅色衬衣系领带。女子裁判员穿深蓝西服套裙、白衬衣。比赛中裁判员不得离开自己的座位,不得与其他人联系,不得与教练员、运动员交谈。裁判员根据评分规则迅速、准确地记录、评判运动员的所有比赛动作,并按格式正确填写评分表,确保自己的评分准确无误。

裁判员如蔑视评分规则,有意偏袒或贬低某个队或某个运动员,重复出现过高或过低分,不遵守比赛的有关要求与纪律,不参加有关会议,不观摩赛台训练,着装不符合要求,都将受到处罚。

在男女比赛项目中,均有 A、B 两组裁判员对运动员比赛动作进行评分。A 裁判组根据运动员一套动作的内容确定"A"分。"A"分的内容包括：

取运动员成套动作的下法加上最好的 9 个动作共 10 个动作，计算其难度价值。男子最高难度动作为 F 组，女子最高难度动作为 G 组。在所有比赛中，男子和女子项目成套动作的难度分值如下：

动作组别：A B C D E F G

动作分值：0.1　0.2　0.3　0.4　0.5　0.6　0.7

A 裁判组还要根据不同项目的特殊规定计算动作的连接价值。在所计算的 10 个动作的难度价值中，每完成一个动作结构组要求，A 裁判组将给予 0.5 的加分。除了跳马之外，成套动作必须要有合乎要求的下法。

B 裁判组确定"B"分，"B"分从 10 分开始，以 0.1 分为单位进行扣分。"B"分的内容包括：

成套动作的艺术及完成错误，技术和编排错误。当动作完成发生艺术性和技术性偏差时，要进行扣分。扣分与某一动作或某一成套动作的难度无关。

小错　扣 0.1 分

中错　扣 0.3 分

大错　扣 0.5 分

掉下　扣 0.8 分

把艺术扣分、完成错误扣分与技术、编排错误扣分进行汇总，并从 10 分中扣除，所得分数为最后的"B"分。

"A"分和最后的"B"分加起来为一套动作最后的得分。最后得分少数情况下不超过 10 分。

一、自由体操

男子一套动作在 70 秒内完成，女子在 90 秒内完成。自由体操成套动作的编排要充分利用整个场地。女子自由体操要有音乐伴奏。运动员必须双腿并拢、静立于自由体操场地内，然后开始做成套动作。成套动作的评分从运动员脚的第一个动作开始。运动员可以踩场地边线，但不能过线。当出界情况发生时，司线员将以书面形式通知裁判组负责人，裁判组负责人从最后得分中扣除相应的分数：

图 2-72

一只脚或一只手出界扣0.10分；
双脚、双手、一只脚和一只手或身体任何其他部位出界，扣0.30分；
动作直接落在界外，扣0.50分；
动作在界外开始，没有难度价值。

图2-74

三、吊环

一套吊环动作应由比例大致相等的摆动、力量和静止部分组成。这些动作之间的连接是通过悬垂、经过或成支撑，经过或成手倒立来完成的，以直臂完成动作为主。由摆动到静止力量或由静止力量到摆动的过渡是当代吊环项目的显著特点。环带不允许摆动和交叉。

评分从运动员脚离地做第一个动作开始。运动员可从静止站立跳起开始比赛，或在教练员的帮助下成双手握环悬垂双腿并拢的良好静止姿势开始比赛。不允许教练员帮助运动员起摆。

图2-73

二、鞍马

现代鞍马成套动作的主要特征是利用鞍马的所有规定部位，用不同的支撑姿势完成不同的全旋摆动动作（分腿或并腿）、单腿摆动和（或）交叉。允许有经手倒立加转体或不转体的动作，所有动作必须用摆动完成，不能有丝毫的停顿，不允许有力量动作或静止动作。

运动员必须从站立姿势开始，允许做第一个动作时走上一步或跳起撑鞍马。动作评分从运动员的手撑鞍马开始。

四、跳马

男女运动员跳马的助跑距离最长为25米。所有跳马动作必须通过用手推撑跳马来完成。第一次跳马结束后，运动员应立即返回到开始位置，出示信号后，再进行第二次试跳。

以男子跳马为例，运动员在资格赛、团体决赛和全能决赛中必须完成一个跳马动作。想获得跳马决赛资格的运动员在资格赛中必须跳两个动作，这两个动作必须是不同结构组的动作，而且第二腾空动作不能相同。

图 2-75

在完成每一次跳马动作之前，运动员必须向 A 组裁判员显示该动作在规则中对应的动作号码。号码显示牌可由他人帮助完成，出现显示错误时不对运动员进行处罚。

如发生下列情况之一，则 A 组裁判员和 B 组裁判员出示零分：

（1）运动员有助跑，踩了助跳板或触及马而没有做动作；

（2）助跑中断，运动员返回第二次助跑，所跳的动作极差以至无法辨认或脚蹬马；

（3）运动员两次撑马，即单臂或双臂；运动员跳过没有支撑过程，即两手都没有触马；

（4）运动员没有用脚先落地，这意味着至少有一只脚必须在身体其他部分之前接触垫子；

（5）运动员故意侧向落地；

（6）运动员跳了禁止使用的动作（分腿，第一腾空空翻，上板前做了禁止动作）；

（7）在资格赛中，运动员想获得单项决赛资格及在单项决赛中，运动员在第二跳时，重复第一跳的动作。

五、双杠

现代双杠动作主要由摆动动作和飞行动作组成，并通过支撑和悬垂动作的变化来反映运动员在该项目上的能力。

图 2-76

运动员做双杠上法或动作开始前的助跑，必须从双腿并拢站立姿势开始。运动员单手或双手一接触杠子，则表示动作开始，双脚离地开始评分。做上法时摆动一条腿、迈一步是不允许的，即双脚必须同时离地。做上法时,允许在常规落地垫上放置踏跳板。

图2-77

六、单杠

一套现代单杠动作是运动员运用各种握法,流畅地完成半径长短不同的摆动、转体和飞行动作。

运动员必须从双腿并拢静立或加助跑,跳起抓杠或由别人帮助上杠;上杠后身体静止或悬垂摆动,但要保持良好的姿态。评分从运动员离开地面开始。

图2-78

高低杠裁判员对高低杠成套动作的评分是由运动员从踏板或垫子起跳开始(不允许在踏板下增加支撑物)。如运动员在上法助跑中出错、未接触踏板、器械,或未跑到器械下面,允许第二次助跑。

运动员掉下器械到重新上器械(男子鞍马、吊环、双杠、单杠相同)继续做动作前,允许有30秒间断。如果运动员未能在30秒时限内重新上器械,则判定成套动作终止。

图2-79

七、平衡木

一套平衡木动作的时间不能超过1分30秒。计时从运动员踏板起跳或垫子起跳开始,当运动员结束平衡木成套动作接触垫子时停表。当规定时间剩10秒时给第一次信号,90秒时给第二次信号。如果在第二次信号响时下法落地,不扣分。如果在第二次信号响后下法落地,将对成套动作超

时判定予以扣分：

2 秒或更少 扣 0.10 分；

多于 2 秒 扣 0.30 分；

运动员从器械上掉下，成套动作被中断，允许有 10 秒的间断时间，间断时间不计算在成套动作的总时间内。如果运动员未能在 10 秒时限内重新上平衡木，则成套动作终止。

第三章　体操基础入门

　　体操，是一项深受广大中小学生喜爱，有着广泛群众基础的运动项目。经常进行体操锻炼，不但能够全面发展青少年的身体素质，增强人体各器官的功能，促进身体的协调发展，而且，对提高神经系统的灵活性，培养良好的体态和优秀的意志品质，都有着积极的作用。由此可见，体操在中学体育教育中占有重要的地位，对锻炼和改善人体器官的功能，有着特殊的价值，所以我们应该十分重视并研究中学体操教学的理论与方法，不断提高体操教学的质量，让青少年快乐地学习体操。

第一节　力量的快乐练习

图 3-1

例1：爬绳

做法：由手脚并用，逐渐过渡到只用手爬。

目的：训练运动员上肢的力量。

要求：在爬绳的过程中，始终保持身体是直的，或者保持是成直角的，膝要伸直。

例2：引体向上

做法：可采用正握或反握进行练习。

目的：训练运动员上肢的力量。

要求：在引体向上的过程中，始

 阳光快乐体育

终保持身体是直的，或者保持身体是成直角的，脚尖膝盖要伸直。

图 3-2

图 3-3

目的：训练运动员上肢及腹肌力量。

要求：翻上时梗头，身体始终保持是直的。

例4：控倒立

做法：可在地上，或双杠上进行练习。

例3：引体翻上
做法：一般采用正握进行练习。

图 3-4

目的：训练运动员肩带力量。

要求：含胸顶肩，身体保持是直的，时间可适当的逐渐增加。

例5：双杠支撑摆动

做法：开始可采用小摆浪进行练习，之后逐渐增大摆浪的幅度，直到支撑倒立摆浪。

图3-5

目的：训练运动员双杠上连续支撑摆动的能力。

要求：按双杠上支撑摆动的要领做动作。

例6：双臂屈伸

做法：在双杠上进行练习。

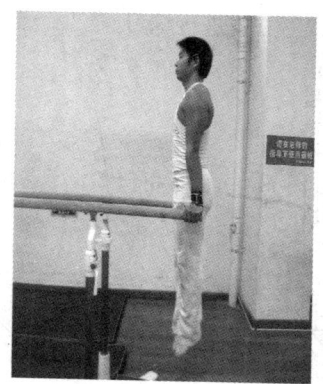

图3-6

目的：训练运动员肱三头肌、背阔肌、胸大肌等肌肉的力量。

要求：直体，手臂弯曲90°以上再推起。

例7：卧推

做法：身体仰握推杠铃。

图3-7

目的：训练运动员肱三头肌、胸大肌等肌肉力量。

要求：卧推时要下到底，杠铃碰胸之后再推起。重量可逐渐加大。

例8：拉橡皮带

做法：可采用侧拉橡皮带、纵拉

橡皮带等方式进行练习。

目的：训练运动员肩带、背阔及胸大肌等肌肉的力量。

要求：含胸、扣腕、直臂快速下压。

例9：仰卧起坐

做法：仰卧在垫上或斜板上做。

图 3 - 8

图 3 - 9

目的：训练运动员腹肌力量。

要求：梗头、后背适当紧张向上充分立起上体（上体立至垂直部位即可）

例10：仰卧（或悬垂）举腿

做法：仰卧垫上或悬垂于肋木上做。

图 3 - 10

目的：训练运动员腹肌力量。

要求：快举慢落，并在举腿后半部分做向后上方伸腰和翻臀的动作。

例11：仰卧两头起

做法：仰卧垫上，上体和下肢同起同落，起时手触脚面。

图3-11

目的：训练运动员腹肌力量。

要求：梗头，上体和下肢同起同落，起时手触脚面。

第二节　单杠上运动快乐练习

例1：悬垂大摆动

做法：由正握起后摆开始，进行前后小幅度的悬垂摆动。

目的：练习小摆动作，为以后的悬垂大摆动做准备。

图3-12

要求：注意沉肩振浪兜腿技术，以及后摆之后的换手动作。

例2：悬垂小摆动

做法：由正握起后摆开始，进行前后大幅度的悬垂摆动。开始可由教练员保护，以防止脱手，并帮助加速摆动。

目的：练习悬垂大摆动作，为大回环动作打下基础。

要求：开始前摆时，顶肩，脚向远伸，尽量伸直身体前摆。

图3-13

第三节　跳马技术快乐入门练习

例1：跳推墙

做法：把板放在离墙30厘米左右的距离，面对板作3～5步助跑，上板起跳后双手直臂推顶墙。

目的：体会助跑与起跳动作之间的衔接，尤其是最后三步助跑后上板起跳动作。

要求：

（1）3步或5步助跑时，身体重心要高、稳，后蹬有力，步幅均匀，摆臂协调。助跑最后一步（即上板前一步）时，后腿要蹬上去，身体重心要积极跟上，不可后仰，并且垂直前移至板上，两臂顺势后摆。

（2）踏板应踏在板的前半部分。踏板是一种接近"跺板"的技术，这样减少水平速度最少，起跳要干脆有力。

（3）起跳后含胸带臂，并且双手直臂推顶墙，头稍梗，用双眼的余光看手。

图3－14

例2：起跳后落高垫

做法：把板放在离海绵包垫前10厘米左右的距离，面对板作3步以上助跑，上板起跳后直体落下至1～2层的海绵包垫上。

目的：体会助跑与起跳动作之间的衔接，尤其是最后三步助跑后上板起跳动作。

图3－15

要求：

（1）助跑时，身体重心要高，后蹬有力，步幅均匀，摆臂协调。上板前一步，要充分有力的后蹬，重心积极跟上，并且垂直前移至板上。

（2）踏板应踏在板的前半部分。踏板接近"跺板"技术，起跳要干脆有力，尽量做到垂直起跳，重心不可往前冲的过多。

（3）起跳后含胸带臂至上举，空中身体重心要控制住，身体要整，落地站稳。

例3：助跑起跳接前团

做法：把板放在离海绵包垫前50厘米左右的距离，助跑踏跳后做团身前空翻。

目的：训练助跑——上板——踏跳——团身前空翻之间的衔接技术，以及团身空翻的动作概念。

图 3－16

要求：

（1）助跑时，身体重心要高，后蹬有力，步幅均匀，摆臂协调。上板前一步，后蹬充分有力。

（2）踏板应踏在板的前半部分，踏板接近"跺板"技术，起跳干脆有力，尽量做到垂直起跳，重心不可往前冲的过多。

（3）团身空翻时要绷脚面、并腿，两手抱膝，落地前展体。

第四章 体操中常见的运动损伤

体操项目对人体各项身体素质要求较高,也是运动创伤发生较多的项目。

第一节 体操中常见的运动损伤

一、手的胼胝伤

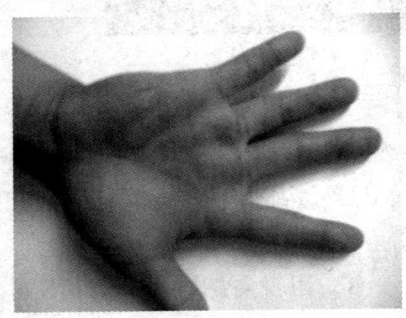

图4-1

不用护掌时最易发生,是摩擦所致,胼胝的产生是一种没有适应,形成太厚易引起皮肤成胼胝撕裂,甚至引发感染,胼胝太厚时应以温水泡手,再以带架刮脸刀刮薄,这样就不易撕裂,发生掌横纹裂伤时,切不可屈指位用粘膏黏合,这样当再练时,容易撕裂。应将手指伸直固定1～2天,即可自愈。出现水泡时应将剥离的皮层剪除并消毒以防感染。预防胼胝最好的方法是用护掌。

二、颈椎损伤

多发生在难度较大的各种下法动作中,因此在学习难度动作时,应该采用保险带,专人保护,垫子也应用足够的长度及厚度,其间应该紧密连接。在初练时,一定要有海绵坑或海绵槽。另外,在难度动作脱保时,教练员和运动员必须研究防伤措施。还有运动员在练习时注意力必须集中,周围的人应保持安静。

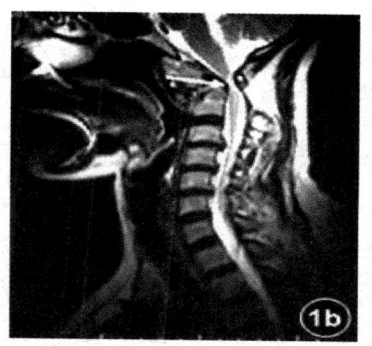

图 4-2

三、下法引起的损伤

下时,常因落地姿势不正确或重心失去平衡,扭伤膝关节、踝关节、引起半月板、膝踝韧带损伤。

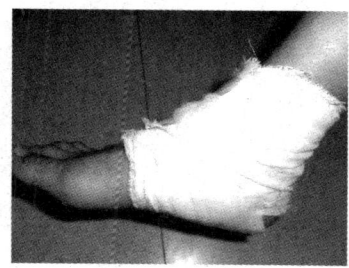 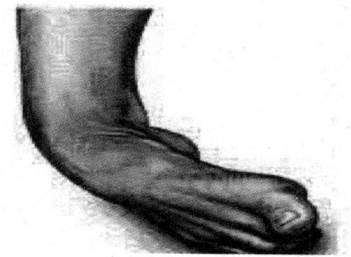

图 4-3

落地时,双腿并拢即可避免以上损伤。

另外,也应特别注意避免落地时摔倒时单臂支撑,否则关节易骨折和脱位,顺势侧滚翻是防伤办法。

第二节 体操运动中运动损伤的原因

一、思想上不够重视

运动损伤的发生,常与体育教师、教练员和体育锻炼者对预防运动损伤的意义认识不足或麻痹大意有关。

二、技术上的错误

技术动作的错误,违反了人体结

构功能的特点及运动时的力学原理而造成损伤,这是初参加运动训练的人或学习新动作时发生损伤的主要原因。

三、身体功能和心理状态不良

在睡眠或休息不好、患病受伤或伤病初愈阶段,以及疲劳时肌肉力量、动作的准确性和身体的协调性显著下降,警觉性和注意力减退,反应较迟钝,此时参加剧烈运动或练习较难的动作,就可能放生损伤。

四、不良气象的影响

气温过高易引起疲劳和中暑,气温过低易发生冻伤,或因肌肉僵硬,身体协调性较低而引起肌肉韧带损伤。潮湿高热易引起大量出汗,发生肌肉痉挛或虚脱。光线不足,能见度差,影响视力,使兴奋性降低和反应迟钝而导致受伤。

艺术体操等

第一章　艺术体操概述

艺术体操
Rhythmic Gymnastics

　　艺术体操是一项集健身、健美、娱乐、文化等多功能为一体的，具有浓郁现代气息的运动，符合现代青少年的心理特点及精神追求，是全民健身活动中深受青少年喜爱的体育项目之一。

　　学校，包括从小到大的教育，是培养人才的地方，也是最正规的教学领域。在学校领域内开展艺术体操，是当今我国学校全面推进素质教育的需要，也是素质教育实现多元化的重要内容和有效途径，同时对于培养青少年终身体育意识，促进学生身心全面发展及丰富校园文化生活具有独特的功效。

第一节　起源、沿革及奥运发展史

　　艺术体操起源于欧洲，19世纪初以自然和美为特征的体操动作有了明确的地位，到了19世纪中叶艺术体操的某些特点和因素已经从不同的身体动作体系中体现出来，艺术体操是自然体操、韵律体操和现代舞经过长期实践逐渐发展形成的，一些生理学家、音乐家、舞蹈家及体操家为现代艺术体操的形成和发展在理论和实践上做出了贡献。

　　20世纪40年代艺术体操传入美洲，50年代传入亚洲逐渐流行于全世界。20世纪上半叶真正成为体育教育的手段，早在1935年前苏联的列宁格勒在莫斯科体育学院开设了艺术体操课程。目前，很多国家也将艺术体操列入各级学校体育教学大纲，成为女生最受欢迎的体育于美育相结合的教育手段。1962年国际体操联合会把艺术体操定为独立的竞赛项目，1963年在匈牙利的布达佩斯举行了第一届艺术体操世界锦标赛。1984年第23届奥运会开始，艺术体操被列为奥运会正式竞赛项目。

展。1981年我国首次参加了在慕尼黑举行的第10届艺术体操世界锦标赛，中国运动员走上了国际艺术体操赛台。1986年国家体委相继颁布了艺术体操裁判员和运动员等级制度，并制定了等级运动员规定动作，推动了艺术体操在我国的普及与开展。目前，艺术体操作为各级学校的体育教学内容和素质教育的有效手段受到应有的重视，在课堂，在全民健身的热潮中得到进一步发展。

图1-2

50年代初艺术体操由前苏联传入我国，引进了艺术体操的基本内容，并相继在几所体育院校开设了艺术体操课程，并在体操比赛中进行过轻器械的比赛和表演，但这时艺术体操未能在我国广泛开展，直至1978年艺术体操在国内日渐兴起和不断发

图1-3

第二节 艺术体操的特点和价值

一、动作的优美性

艺术体操顾名思义是充满艺术性的体操，美则是艺术体操的集中表现。然而与其他具有艺术性的运动相比，艺术体操的美更多地体现在女性形体的柔美，动作的优美方面。

图1-5

图1-4

二、音乐是艺术体操的灵魂

艺术体操是一项音乐与动作紧密结合的运动，它以音乐"作诗"，用身体"作画"。没有音乐就谈不上艺术体操的存在，因此音乐可谓艺术体操的灵魂。

三、艺术体操必须合理地运用器械

持器械做动作是艺术体操的主要练习手段。竞技艺术体操比赛的项目均为轻器械运动项目，所使用的轻器械都有统一的规定。

图1-6

第三节　艺术体操的价值

一、增强体质

艺术体操是一项全身运动，严格的基本功重复训练、内容丰富的成套动作练习，均产生不小的运动量。因而经常参加锻炼能使身体各器官系统的功能以及各种身体素质和基本活动能力得到均衡发展，使体质不断增强，尤其对提高人的柔韧、协调、灵敏素质和弹跳力有明显帮助。

二、塑造形体

美是艺术体操最明显的特点，其动作方法及表现形式均与"美"有关。坚持练习，经常保持正确的身体姿势和动作形式，消耗多余的脂肪，能有效地使练习者形成健美、匀称的形体，自然和谐的举止，端庄优雅的仪表。

三、培养气质

一个人不仅要注意形体美，还要讲究气质美。从长远来说，气质更为重要。艺术体操在塑造形体美的同时，还可以培养气质，提高审美意识和审美水平。锻炼能使人获得高贵典雅的气质、潇洒飘逸的神态和活泼、开朗的性格。

四、娱乐身心

艺术体操是融体操、音乐、舞蹈为一体的运动项目，它不仅能给人带来健康，还能给人们带来快乐。观赏艺术体操比赛是一种美的享受，亲身参加艺术体操练习更吸引人。

第四节 艺术体操的发展历程

图 1-7

1963年在匈牙利布达佩斯举行了第1届世界艺术体操锦标赛,从1982年开始每两年举行一次艺术体操世界杯赛。从1978年开始,国际体联又组织了两个洲际比赛,即欧洲锦标赛和四大洲际赛(亚洲、大洋洲、北美洲、和拉丁美洲)。分别在世界锦标赛时间隔年份举行。从1984年起,艺术体操已正式列为奥运会竞赛项目。

艺术体操发展到本世纪50年代已传遍世界,并成为女子的竞技项目。但最初的国际性比赛并非独立进行,而是附属于女子竞技体操比赛的团体项目中,即规定凡参加竞技体操团体比赛的队每队除了参加竞技体操比赛外,还必须参加由6~8人组成的团体轻器械韵律体操比赛。随着技术的发展,竞技体操与艺术体操的差异日趋明显,所以,1956年国际体联决定在竞技体操比赛中,取消艺术体操比赛,把两者分开,直到1962年才正式把艺术体操作为一个独立的女子竞技项目。

图 1-8 布达佩斯

自1962年确认艺术体操为一个独立的运动项目以来,其比赛组织形式和比赛规则有了新的变化和完善。1976年首次公布了国际艺术体操评分规则,1982年经修改,第二次出版了新的艺术体操评分规则，1989年再次修改出版了新的评分规则，1997年的规则已是第五次修改的版本了，规则的产生与演变充分体现了竞技艺术体操的发展过程。

自1963年举行首次世界艺术体操锦标赛以来，欧洲艺术体操的水平一直处于领先地位，在2000年的悉尼奥运会上，艺术体操团体前3名由俄罗斯、白俄罗斯和希腊队获得，个人前3名由俄罗斯和白俄罗斯的运动员获得。

中国艺术体操的发展可分为3个阶段。

第一阶段：（新中国成立前）现代舞蹈、韵律操和轻器械操在我国传播阶段

新中国成立前在中国还没有听说"体操"这个名字，它还未被真正认识，只是随着近代体育的传入，从19世纪中叶开始，某些外国民间舞蹈和轻器械体操也随着外来文化的传播进入了我国。1840年鸦片战争后，英美等国先后在上海、天津等地创办教会学校，组织青年会，为我国带来了德式体操、丹麦体操等各种流派的体操及哑铃、棍棒、火棒、手巾、跳绳等轻器械体操，来提高女子的身体素质的全面发展，而这些教学内容在当时是较为独特新颖的，很受女生欢迎。

第二阶段：（1949—1977年）艺术体操的引进和初步开始阶段

图1-9　纱巾操

新中国成立初期，在某些高等学校和体育院系中仍沿用了过去学的那些内容，不过称它为舞蹈课。50年代从前苏联引进了一些艺术体操的基本技术，1953年我国邀请前苏联体操队来华访问表演，首次向中国人展示乐舞藤圈操、纱巾操等艺术体操项目。1955年聘请前苏联专家凯里舍娃在北京体育学院任教，为我国培养了第一批艺术体操教师；接着上海、沈阳、武汉、成都、西安等地也相继开设了艺术体操课。1959年还举办了全国艺术体操训练班。由于受国际上参加竞技体操比赛同时必须参加轻器械团体

操的影响，所以在1956—1958年的全国体操比赛中，也都有团体轻器械比赛项目。比赛用的器械五花八门，脱离了艺术体操的特点。当时，艺术体操没有成为一个独立的运动项目，而只作为竞技体操的辅助手段，在各省市队，少体校及体育院校的教学训练中运用。后来由于国际上取消了这种团体项目的比赛，而1964年我国又退出了国际体联，因此对国际上的艺术体操活动了解较少，加上"文革"的破坏，致使艺术体操在我国中断了近20年。

第三阶段：（1978年至今）艺术体操的复苏和蓬勃发展阶段

1978年，我国恢复了在国际体联的合法地位，先后邀请了加拿大、朝鲜、西班牙、日本、苏联等艺术体操队来华访问、表演，还邀请保加利亚、加拿大等外国专家来华讲学。1983年开始，我国还逐年举行全国艺术体操锦标赛，同年的第5届全运会上还把艺术体操定位正式比赛项目。从此，艺术体操在我国迅速地开展起来。

图1－10

第二章 艺术体操的综合知识

第一节 艺术体操的几大赛事

国际体操联合会认可的艺术体操比赛有奥林匹克运动会、亚运会、世界锦标赛其中（单数年是个人锦标赛，双数年是集体锦标赛。如1999年是个人锦标赛，2000年是集体锦标赛）、洲际赛分为四大洲（美、亚、非及大洋洲）、欧洲锦标赛和世界运动会。

在我国艺术体操每年举办的全国性比赛有：全国艺术体操锦标赛、全国艺术体操冠军赛、全国艺术体操青少年锦标赛。在我国曾成功地举办过1992年四大洲艺术体操锦标赛、1996年亚洲艺术体操锦标赛及多次国际邀请赛。比赛的程序是比赛项目、动作的评判。

一、比赛项目

艺术体操的正式比赛项目分为个人项目和集体项目。

（一）个人项目

通常包括4套动作，即5个项目（绳、圈、球、棒、带）中的4项。如2000年是除棒以外的4个项目（因为棒在集体中使用了）。每套动作时间为1分15秒至1分30秒。

个人比赛的种类包括：

团体赛：每队最多3名运动员参加4项不同器械的自选动作，每项满分为10分，总得分最高为120分。总分高者为胜。

个人全能赛：每队最多2名运动员。团体赛全能成绩排位前26名的运动员才有资格参加，必须完成4项不同器械的自选动作，每项满分为10分，4个项目总得分最高为40分，总分高者为胜。

个人单项赛：每队2名运动员参加，以各单项的得分评定名次，最高分10分，得分多者为胜。

（二）集体项目

由五人组成的集体，包括两套动

作：同种器械和不同种器械，每两年换一次器械。如2000年的是10棒和二圈三带。每套动作时间为2分15秒至2分30秒。

（三）计时

计时表是从运动员或集体队第一名运动员开始做动作时计时，当运动员或集体队的最后一名运动员完全静止时停表。超过或少于规定的时间，每秒扣0.05分（由助理裁判员执行）。不足1秒不扣分。

第二节　如何欣赏艺术体操

（1）艺术体操的美，概括着徒手和器械动作，并运用各种走步、舞步、跳跃、转体、平衡、波浪、弹性、松弛以及技巧中的翻滚跌扑，在音乐伴奏下进行有韵律的身体活动，以身体姿态展示出女性优美的动态、形象和风姿。艺术体操不仅是体育运动的健康美，而且是融入了芭蕾舞、民族舞、竞技体操、技巧、武术、杂技、戏剧等技术之精髓，还创造了一整套的有思想、有表情、有层次、有结构、有难度的立体练习程式，从而构成艺术体操的美。

（2）艺术体操以其高超的难度技巧、独特新颖的编排、妩媚多姿的舞蹈、袅袅婷婷的动作及协调一致的音乐配合等因素来展示出优美而和谐的姿态美。它要求每一个动作的一招一式不仅具有线条美和节奏美，而且还要有大小、高低、强弱、快慢、缓急、正侧、主宾、虚实、方圆、奇偶、断续、顿挫、张弛、离合等变化，表现出艺术体操的高雅和谐，刚柔相济，动静结合的美姿，从而使人们赏心悦目。

（3）艺术体操只有以高雅的技巧、优美的舞姿、动听的旋律、协调的色彩、感人的艺术形象和敢于表现等各种因素，综合成一个统一、和谐的有机整体，才能创造出鲜明、完美的意境，令人心驰神往，产生强烈的审美力量。若忽略了任何一个局部，如技巧难度太低，音乐旋律感太差，造型不美，神形分离等等均会对整体产生重大的损伤。在艺术体操中绝不能把技巧、舞蹈、造型、音乐等等看成是各自孤立的、个别的，而应严格地按照每一局部美的规律进行创造，并把它们和谐、完整地统一在自己的审美理想和民族风格之中，浑然成为一个整体，方可产生出韵味十足、水乳交融、风格突出、令人陶醉的艺术感染力。

第三节　场地器材

艺术体操场地：艺术体操场地与自由体操场地相近似。场地上铺一层地毯，地毯下面有一层弹性适中的衬垫。比赛场地13米×13米，场地四周有宽度至少4米的安全区域。比赛场馆的高度至少8米。

绳：采用麻或合成纤维制成，长短同运动员身高相称，绳的两端有小结。

图2-1

棒：采用合成材料制成。全长40~50厘米，单棒重150克以上，形状如瓶，细端为颈，粗端为体，顶端为棒小头。

图2-2

带：由棍、尼龙绳和带构成。棍可采用合成材料制成，带可采用缎或类似材料制作，颜色可自选。带长至少6米，宽4~6厘米，重35克以上。棍长50~60厘米，直径不超过1厘米。

图2-3

球：艺术体操正规用球的直径在18厘米左右，重量不少于400克，质地为橡胶。

图 2-4

圈：圈是艺术体操竞技比赛项目之一，圈的内径为 80~90 厘米，重量 300 克。

图 2-5

第四节　艺术体操的基本技术

艺术体操的基本技术包括徒手基本练习和持器械基本动作练习。

一、人在空间的基本姿势

（一）站

站是人体空间最基本也是最重要的姿势。

站立的基本要求：头正直、沉肩、挺胸、直背、收腹、夹臀、腿上收。

（二）跪立

图 2-1　跪立

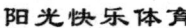

图 2-2 单举腿跪立

图 2-3 前点地跪立

图 2-4 后点地跪立

图 2-5 半劈叉跪

图 2-6 鹿跳式跪

图 2-7 跪撑

(三) 坐

图 2-8 坐

图 2-9 单腿屈膝坐

图 2–10　跪坐

（四）卧

图 2–11　仰卧

图 2–12　俯卧

二、手臂基本部位

（一）手的基本姿势

1. 直手

手掌挺直，中指稍向下指。小指稍向外，腕上部到食指尖呈一小小的弧线。整个手形显得舒展而有生气。

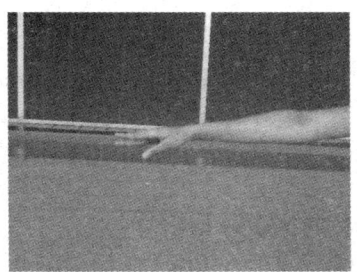

图 2–13　直手

2. 弧形手（芭蕾手形）

五指自然弯曲，除拇指外，其余四指轻轻靠拢，食指与中指错开，拇指与中指靠近，从腕到指尖呈一圆滑的弧形。

图 2–14　弧形手

（二）手直臂基本位置

1. 直臂基本位置

图 2–15　侧举

阳光快乐体育

图2-16 上举

图2-19 侧上举

图2-17 前举

图2-20 侧下举

图2-18 侧上举

图2-21 斜举

2. 芭蕾舞手臂的七个部位

图 2-22　一位

图 2-25　四位

图 2-23　二位

图 2-26　五位

图 2-24　三位

图 2-27　六位

图2-28 七位

三、腿形

脚面和膝关节绷直，并向外旋转。

图2-31 前举腿形

图2-29 立姿腿形

图2-32 侧点地腿形

图2-30 前点地腿形

图2-33 侧举腿形

和地过渡到全脚掌着地，身体重心随之向前移动到左腿上，接着再右腿向前伸出，两腿交替进行，两臂自然摆动。

图 2 - 34 后点地腿形

图 2 - 35 后举腿形

四、徒手的基本动作

（一）基本步法

1. 柔软步

动作做法：左腿膝关节与脚面绷紧向前伸出，脚面稍向外，由脚尖柔

1

2
图 2 - 36

2. 足尖步

1

2

图 2 - 37

动作做法：出步时与柔软步一样，脚踵立起，身体重心尽量升高，步伐不宜过大。

3. 柔软跑步

动作做法：在自然跑步的基础上，要求摆动腿脚面绷直自然向前伸出，用前脚掌柔和着地，身体重心随之前移，然后换另一腿再向前跃出。

图 2 - 38

4. 滚动步

1

动作做法：

（1）右脚经前脚掌滚动至全脚掌着地，重心移至右脚，同时左脚屈膝向前由前脚掌滚动至脚背并向前滑动一小步，脚面绷直，小腿与地面垂直。

（2）经双脚起踵立至重心左移，左脚经前脚掌滚动至全脚掌着地，同时右腿屈膝向前由前脚掌滚动至脚背并向前滑动一小步，脚面绷直，小腿与地面垂直。

5．跑跳步

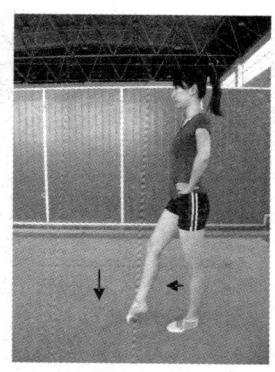

2

3

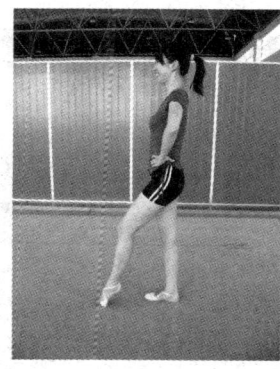

4

图 2 - 39

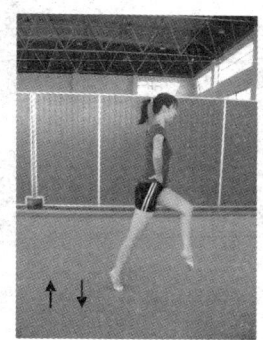

1

2

图 2 - 40

动作做法：

节拍前右脚原地小跳，同时左脚屈膝前抬，脚面绷直，脚尖向下。

（1）上半拍，左脚向前落地。下半拍，左脚小跳，右脚屈膝前举。

（2）动作同1，换右腿做。

6. 变换步

1

3

图2－41

动作做法：

（1）上半拍，左脚向前做柔软步。下半拍，右脚与左脚并立。

（2）左脚再向前做柔软步，重心前移，右脚尖后点地，脚面绷直稍向外。

7. 踏跳步

2

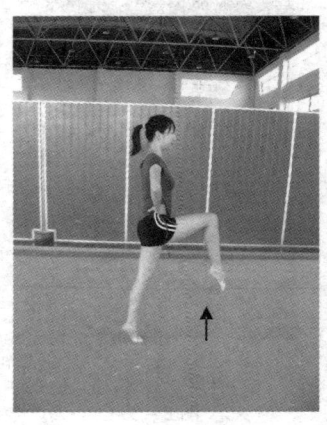

1

力、提高身体在空中的控制能力。

1. 一位小跳

1

2

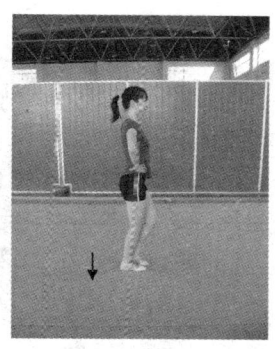

2

3

图2－42

（1）左脚向前上步。

（2）左脚蹬腿跳起，同时右脚屈膝自然前举，脚面绷直，脚尖向下。

（二）跳跃

艺术体操中的跳跃动作种类很多，有双脚跳，也有单脚跳；有小跳、中跳、也有大跳。跳跃运动在空中通过手臂、腿及身体的协调配合，可展现出轻快、优美、灵敏的各种动作，同时增强下肢力量、发展弹跳能

3

图2－43

动作做法：

节拍前—两腿经半蹲向上跳起，两腿伸直，脚面垂直向下。

（1）两脚落地成半蹲，后半拍又蹬地跳起，两脚在空中保持一位。

（2）同1，连续进行。

2. 踏点跳

动作做法：

（1）左脚向前一步，重心在左脚上，左脚自然屈膝，两臂成一位。

（2）右脚在左脚后点地同时蹬地跳起，跳起后左脚伸直前伸，右脚后举，右臂前举，左臂侧举。

换右腿做，动作相同。

3. 含胸展胸跳

1

1

2

图 2-45

2

图 2-44

动作做法：

（1）左脚上前一步蹬地跳起，同时右腿屈膝前举大于 90° 大腿外旋，大小腿成钝角，上体低头含胸，两臂前举掌心向外。

（2）右脚向前上步蹬地跳起同时左脚伸直后举，抬头挺胸，两臂有前打开至侧举，掌心向后。

4. 跨步跳

1

2

图 2－46

动作做法：

（1）右脚上前一步蹬地向上跳起，同时左脚向前上方跨出，右脚用力后摆，两脚在空中前后分腿大于 135°，右臂前平举，左臂侧平举。

（2）左脚柔和着地，右腿后举，两臂保持不变。

（三）转体

转体一般是以单腿或双腿为支撑，身体绕垂直轴旋转的动作。转体的周数越多，稳定性就越差，难度就越大。转体要求立踵，要使身体尽量在纵轴上转动。

1. 双脚支撑交叉转体 180°

1

2

图 2－47

左脚在右脚前交叉一小步,双脚提踵以两脚尖为轴向右转体180°成右脚在前的起踵立,同时两臂经侧摆至上举。

2. 平转

动作做法:

转体时重心要高,两腿伸直夹紧,转动时两脚在一条直线上转动,上体收腹夹臀,不要左右晃动,头部甩动要自然。

3. 后举腿转体360°

动作做法:

1

2

1

3

图 2-48

2

图 2-49

(1) 左脚站立,右脚侧点地。左臂侧举,右臂屈肘前举。

（2）重心前移至右脚，右脚经稍屈膝起踵向右转体360°同时左腿伸直后举，右臂经侧上摆至斜上举，左臂成下举，掌心向下，眼视右手。

4．单腿前屈腿转体180°或360°

1

2

图2－50

动作做法：（以向左侧转为例）

左脚向侧一步，重心移至左腿，稍屈膝蹬地向左转体360°的同时，右腿有侧前摆至屈膝前举，两臂配合摆至上举三位。

（四）平衡

艺术体操中的平衡是指用身体的某一部分（腿、膝、臀等）作为支撑，通过身体其他部位的动作配合，构成控制身体重心的某种动作姿态，并使该姿态保持一定时间。通过平衡动作的练习，可以提高肌肉的控制能力以及动作的平衡稳定能力。

1．俯平衡

动作做法：

右脚伸直后上举，同时上体前俯，保持抬头挺胸，静止不动。两臂可侧举，也可一臂前下举，一臂后上举；一臂侧举，一臂前举；两臂后举等。

图2－51

2. 侧举腿平衡

图2-52

动作做法：（以左腿支撑为例）

左腿伸直站立，右腿伸直向侧上举起，脚尖绷直向上，同时两臂侧举后左臂七位，右臂三位。

3. 直角坐平衡

动作做法：

预备两腿并拢直腿坐，两手后撑地。

上体稍后仰，同时收腹向上举腿，膝与脚面绷直，两臂侧举，成臀部支撑的直角坐平衡姿势不动。

1

2

图2-53

（五）波浪

波浪是艺术体操的典型动作，其特点是参加运动的各关节之间同时进行做依次、连贯的屈伸和推移动作。通过波浪动作的练习，可发展身体的柔韧、协调、灵活等运动能力。

1. 手臂波浪

1

动作做法：（以右臂向侧波浪为例）

以右臂带动上臂、前臂、手腕、手指依次向侧上运动，肩、肘、腕、指各关节依次弯曲，并随之依次向下伸直。向外做伸肘屈腕，向内做屈肘伸腕反向弯曲姿势。手臂波浪动作幅度可大可小；可在不同位置向不同方向进行；也可两臂同时或依次向同一方向及不同方向进行。

2. 上体波浪

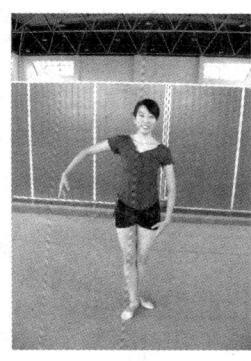

2

3

4

图 2-54

1

2

阳光快乐体育

3

6

图 2-55

4

预备：自然站立，两手体后相握。

动作做法：有腰部开始，经肩、颈各关节向前伸，上体慢慢前倾90°此时整个背部成凹形，伸至极限，然后再从腰部开始，经胸、肩、颈、头逐渐弯曲各关节，依次还原成上体抬起至直立。

3. 躯干波浪

5

图 2-56

预备：上体稍前屈低头含胸，背部成弓形，两臂前举。

动作做法：

自膝开始经髋、腰、胸、颈、头依次向前上方挺出，上挺时上体幅度要大，双腿蹬伸积极，同时两臂经前下向后绕至上成抬头挺胸提踵站立姿势。

五、持轻器械基本动作练习

持轻器械动作是艺术体操练习和比赛的主要内容。在掌握了一定的徒手动作基础上，练习持轻器械动作，可培养协调能力，提高练习艺术体操的兴趣，丰富艺术体操的教学内容。艺术体操的持器械动作很多，如绳、圈、球、棒、带等。

（一）球

球是艺术体操比赛项目之一，球的基本动作有托球、拍球、滚球、转球、抛球、摆动、绕环等。艺术体操正规用球的直径在18厘米左右，重量不少于400克，质地为橡胶。

图2-57

1. 球的握法

（1）双手持球：两手掌心相对，五指自然伸直不要分得太开，用手指和指根以上部位持球的两侧（切忌抓球），掌心空出。持球有两手平行持球和两手交叉持球两种。

平行持球

交叉持球

图2-58

（2）托球：手指自然分开，掌心向上，用手掌和手指各关节自然拖住球的下方。托球有正托、反托和手背托；也有单手托和双手托。

单手正托

双手正托

单手反托

图2－59

2．球的基本动作

（1）拍球：拍球是艺术体操基本动作之一，拍球有单手拍、双手拍、脚前掌拍；有站立拍、跪拍、坐拍等。拍球不仅可在地上，还可以在肩上、膝上。

动作做法：（以单手原地体前拍球为例）

五指自然分开，手形与球形相吻合，以肩关节为轴，小臂向下用手指和指根处自然拍球的上部，拍压球时不能有击球的声音，连续拍球有手不离球的感觉。

图2－60

（2）摆动球：单手或双手持球以肩为轴，在不同的面上，左右、前后做弧形运动。摆动时注意肩部放松，手臂自然伸直，动作协调、连贯、幅度大。

动作做法：（以单手持球前后摆动为例）

头上水平大绕环、双手体前垂直大绕环、双手体侧大绕环等。

动作做法：（以单手持球向外旋"8"字绕球为例）

图 2-61

左脚向前一步移重心，同时右手持球以肩为轴向前上摆至前上举，左臂自然后摆；然后移至右脚，上体稍向右转，右手掌心向上托球向后下摆动，左臂自然前摆。

（3）绕动球：单手或双手持球，以肩或肘为轴在不同的面上做360°以上的圆形绕动动作。绕动时球在手上保持平衡，身体随手臂的绕动做绕环运动。绕动动作主要有单手体前垂直大绕环、单手体侧前后大绕环、单手

1

2

3

图 2-62

右臂经前向右后头上直臂水平大绕环，向左转腕成反托屈肘由后经右腰侧向前水平小绕环一周至侧举托球，身体随手臂而绕动。

单手持球向内螺旋"8"字体侧大绕。

1

2

1

2

图2－64

3

图2－63

（4）滚动球：根据球的特点，可以在地上、手臂、胸部、背部、腿上等各部分上做滚动。地上滚动球一般是通过手臂有意识地摆动以及手指、手腕的控制拨动，使球在地上滚动；在身体各部分的滚动则是通过抬手臂及手指、手腕的拨动，给球以外力，使球在身体各部位上形成滚动。滚动球无论是在地上或是在身体各部位上,都要平稳、连贯,不能跳动。

动作做法:(以单臂滚球为例图2-64)

1

2

图2-65

自然站立,右手托球前斜上举,左臂后斜下举。右手稍屈腕,右手指轻轻拨球,球顺右臂滚动至胸前,左手胸前接住球扶至左肩前,掌心向内,右臂前伸,掌心向下。

单手地上向前滚动(图2-65)。

1

2

图2-66

(5)抛接球:在原地或移动中,通过单手或双手将球抛出,接球时伸臂迎臂迎球,当手指尖接触球时,球随手臂下摆至手掌心接住球。抛球有高抛、中抛、低抛;也有单手抛、双手抛,两人或多人互抛等多种形式。抛球时以肩为轴,通过蹬地、提踵、直膝、立腰、摆臂等一系列动作将力量传至手臂,使球经过手指尖抛出;接球时手臂应充分

伸直，主动上迎，使球从指尖落至掌心，并随手臂下摆顺势缓冲。

动作做法：（以原地单手向上抛接球为例）

自然站立，右手持球。两腿同时屈膝一次，右臂持球后摆，左臂前摆。然后两腿蹬地伸直、立踵，同时右臂伸直向前摆至上举将球抛出，掌心向上，左臂后摆，抬头挺胸。接球时右臂伸直上举迎球，球经右手指端落至掌心，右手臂顺势后摆，左臂前摆，两腿再屈伸一次。单臂向侧抛接球。

1

2

3

图 2-67

1

2

3

图2-68

(二) 圈

圈是艺术体操竞技比赛项目之一,圈的基本技术有滚动圈、抛接球、旋转圈、摆动圈、钻圈等。由于圈的形状独特,可利用圈来展示许多动作变化,发展灵巧性、协调性等。因此,深受女性喜爱。圈的内径为8090厘米,重量300克。

图2-69

1. 圈的握法

圈的握法通常是拇指和四指相对握圈,一般包括单手握、双手握、正握、反握、内侧握、外侧握、正反握等几种基本握法。

(1) 正握:单手或双手手心向下握圈,双手握时虎口相对。

图2-70

(2) 反握:单手或双手手心向上握圈,双手握时虎口向外。

图2-71

(3) 正反握：一手正握圈，一手反握圈。

图 2-74

图 2-72

(4) 内侧握：两手掌心向外，由圈内向外握圈的侧缘。

图 2-73

(5) 外侧握：两手掌心向内握圈的侧缘。

2．圈的基本动作

(1) 摆动圈：单手或双手持圈，以肩为轴，手臂自然伸直在不同面上向不同方向做幅度小余360°弧形运动。

动作做法：（以单手持圈左右摆动为例）

1

2

图 2-75

两脚开立，右手正握圈于体侧，左臂侧举。两腿弹动一次，同时右手持圈以右肩为轴在体侧额状面上向左侧摆动；然后，两腿再弹动一次，右手持圈再在额状面上向右侧摆动，左右摆动时结合身体重心左右移动。

体前两手换握左右摆动：

1

2

3

图 2-76

两手颈前后握圈：

1

2

3
图 2-77

（2）绕动圈：一般以单手持圈，在不同面上做圆周形绕环或"8"字绕环等。

动作做法：（以单手持圈头上水平大绕环为例）

1

2
图 2-78

自然站立，右手反握圈于体侧。右手持圈伸直手臂，以肩为轴向右后绕至头上，然后，经左向内转肩转腕，前臂内旋绕至右侧举，绕动时圈面始终与地面保持平行。

（3）转动圈：转动时手臂自然伸直，拇指张开，其余四指伸直并拢，利用手臂、腕的轻微旋转使圈在虎口处绕着圈的中心轴，在虎口、手心、手背上连续运动。转动圈时，要平稳、准确，转动速度均匀，动作连贯。

动作做法：（以单手体前垂直转动为例）

自然站立，右手持圈前举，左臂侧举。右臂自然伸直向内（或向外）带动圈，使圈在虎口内（虎口向左侧）沿手掌、手背做垂直转动。如（图2－80）单手持圈侧举向前、向后转动圈。

图2－80

（4）滚动圈：通过指、腕的拨动或转动的力量，使圈在地面上或身体上形成滚动。注意滚动时圈面垂直地面，滚动平衡。

单手地上直线滚圈：

图2－79

阳光快乐体育

2

图2-81

动作做法：左前弓步，上体稍前倾，右臂前举，手持圈上缘，圈放于地上，左臂侧后举。通过右手指、腕向后拨拉，随即离开圈，使圈向后沿身体右侧直线向后滚动，同时身体重心后移至右腿，左腿前点地，右手后伸握住圈前上部，左臂侧上举。

圈从一臂滚至另一臂：滚动圆动作做法。

2

3

图2-82

（5）抛接圈：圈的抛接形式多种多样，可用单手或双手，向不同方向、不同面进行。抛圈时手臂伸直上送，圈面在空中要稳定，接圈时要主动上臂迎圈，拇指分开，用虎口处接

1

110

住圈并顺势缓冲摆动。

单手转动抛接圈：

1

2

3

图 2－83

动作做法：自然站立，右手握圈于体侧。右手在体侧垂直向前转动圈。

2~3周，两腿屈伸一次，同时右手向前转动圈顺势向上抛出，右臂上举迎圈，张开虎口用虎口处接住圈的内缘，顺势继续向前转动。

（6）跳过圈：在圈不接触身体或地面的情况下，跳进、跳出圈或从圈面上越过的动作。

阳光快乐体育

单手握圈摆动单腿跳进跳出：反复完成。

双手持圈前摇跳过圈：重复动作，完成。

1

2

图 2-84

1

2

3

图 2-85

单手持圈双腿跳进跳出圈：

1

2

3

图 2-86

第五节　艺术体操的重要规则

一、总则

（一）竞赛项目

1. 个人项目

个人项目分为全能赛和单项决赛，通常包括 4 套动作，即 5 个项目（绳、圈、球、棒、带）中的 4 项。

2. 集体项目

包括两套动作（同种器械和不同器械）。每套动作必须由 5 名运动员来完成，不符合此要求的集体队不允许参加比赛。

 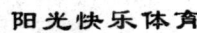

（二）竞赛时间

个人项目每套动作时间为 1 分 15 秒~1 分 30 秒；集体项目每套动作时间为 2 分 15 秒~2 分 30 秒，超过或减少了规定时间，每秒扣 0.05 分。

（三）竞赛场地

艺术体操比赛要在 12 米 × 12 米见方场地上进行，周围有 1 米宽的安全线。正式比赛所用的体育馆高度不低于 8 米。在国际体操联合会举行的正式比赛，必须有两块场地供运动员选择，一经选择，运动员必须始终在同一块场地上完成每套动作。

（1）无论是个人项目还是集体项目，一脚、两腿或身体任何部位在界外触地，每次都要扣分；任何器械在界外触地或出界后又自行返回也都要扣分。

（2）参赛的个人或者集体只有在麦克风或者助理裁判员呼唤后或者绿灯亮起时，才能进入比赛场。

（3）禁止在比赛馆内做准备活动。

（四）比赛音乐

（1）艺术体操整套动作必须在音乐伴奏下完成，音乐伴奏可以使用一种或者几种乐器。凡能演奏表现艺术体操动作特点的音乐的乐器均可使用。

（2）音乐开始前允许有一个声响信号提示。

（3）音乐的特征和节奏必须与动作保持严格的一致性。

（4）音乐前奏最多可以持续 8 拍。

（5）艺术体操音乐的编排必须具有所需的特征；与动作的发展相连贯；并具有优美的、清晰的韵律，能胜任艺术体操的伴奏。

（五）比赛服装

艺术体操比赛中，运动员必须身着体操服，体操服上不允许有闪光片、饰带花等任何饰品，脚下可穿体操鞋或者赤脚。在团体项目中服装式样和颜色必须统一。

（六）比赛难度

1. 个人项目

——最多只能有 10 个难度，或者是单独难度或者是一个包括 2~3 个难度的联合难度。

——必须有 5 个难度是各项器械所要求的规定身体动作组合难度至少 50% 应该由器械的规定身体动作构成。

2. 集体项目

——集体成套动作可以包括最多 10 个交换或无交换，单独的或最多由 2 个或 3 个难度所构成的联合动作的难度。

——至少要有 5 个交换难度

——个人运动员每项器械所要求的规定身体动作在集体项目中不做要求。

——无论何种原因，当一个难度动作不是有 5 名运动员来完成的，难度均无效。

——个人项目和集体项目都不允许做典范的技巧性动作，例如各种手翻、软翻、空翻、手倒立等。

（七）裁判

艺术体操的评判是由 3 个裁判小组组成，每组 4 名裁判员。

完成组（E）评判完成情况的技术错误，根据失误程度给予扣分：小失误扣 0.10 分，中等失误扣 0.20 分，大失误扣 0.30 分或者更多；

艺术组（A）评判编排的艺术价值，即：音乐伴奏和舞蹈设计（器械动作的选择，身体动作的选择，器械动作的使用，身体动作的使用，熟练性和独创性）；

难度组（D）评判编排的技术价值，即器械特有的规定动作或其他难度动作的数量及水平。

其中完成分为 10 分，加上艺术和难度分各 10 分相加除以 2 的结果，再减去扣分，整套动作满分为 20 分。

第三章　艺术体操的基础入门

平衡能力的入门练习

（一）初级阶段

初级阶段的平衡能力练习主要体验平衡的感受，通过身体重心的转移建立初步平衡感。

例1：坐姿平衡

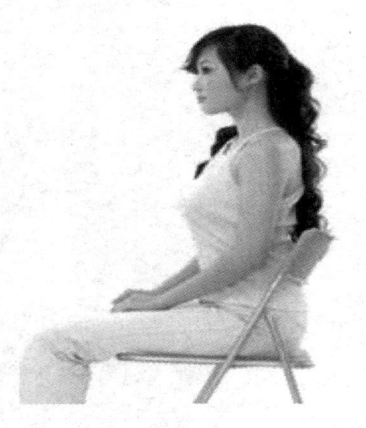

图3-1

做法：（1）坐在椅子上，抬头挺胸，后背倚靠椅背。

（2）双臂自然放松，身体保持平衡。

目的：训练身体在静态下的平衡，矫正坐姿，初步培养平衡感。

要求：放松肩膀及身体其他部位的肌肉，不要过度紧张。

例2：单脚站立

做法：（1）双手左右侧平举，身体正直，目视前方站稳。

（2）一只脚站立，另一只脚抬起，上身保持不动。

（3）换脚练习，并逐渐延长站立时间。

目的：初步训练在重心偏离常态时的身体平衡感。

要求：单脚站立时尽量不要东摇西晃。

图 3-2

例 3：脚尖站立

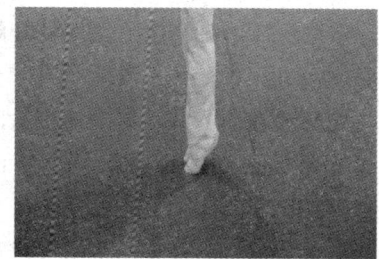

图 3-3

做法：（1）双脚尖站立，并从 1 数到 10。

（2）双脚尖站立平稳后，改为单脚尖练习。

目的：训练在小支撑点上的平衡。

要求：最初训练以光脚练习为宜。

例 4：平衡板上站立

做法：（1）在支点较宽的平衡板上站立，目视前方，并从 1 数到 10。

（2）训练中逐渐减小质点的宽度，并从 1 数到 20。

图 3-4

目的：利用器具训练身体平衡。

（二）中级阶段

在身体的连续移动中掌握平衡。这是比较困难的阶段，因为身体两侧所进行的动作不相同，这样对平衡能力就提出了更高的要求。

例 5：顶物走

做法：（1）地面上画一直线，孩子头项一本书或一个枕头站在起点。

（2）沿直线走，同时头上的东西不能掉下来。

（3）在练习达到一定程度时，可以将直线改为圈线。

目的：初步锻炼在动态中平衡。

要求：忌用手扶头上的东西。

图3-5

图3-6

例7：走平衡木

方法：（1）在平衡木上行走，保持平稳。

（2）在以上基础上按节拍或音乐行走。

目的：利用器具训练平衡感，使之能够在平衡木上保持平衡；在保持身体平衡的基础上表现某种韵律，为较高级的知觉动作做准备。

要求：跳下的动作要轻，前脚掌先着地。

例8：不倒翁

做法：（1）在座位上保持良好的坐姿。

（2）坐正后，从一侧推动孩子以破坏其平衡，要求再度保持坐正的体姿。

（3）在推动下要保持平衡，可在其不注意的情况下进行推动，并继续保持平衡。

注意事项：推动力由轻到重，并注意保护，以免跌倒而受伤。

（三）高级阶段

目的：训练旧的平衡状态破坏后建立新的平衡状态的能力。

例9：蒙眼

图 3-7

做法：（1）开始时两眼睁开站立，并注意地面所画直线的走向。

（2）然后闭上眼睛站立，并向正前方行走。

目的：发展不依靠视觉的空间平衡知觉能力。

例10：倒走

做法：（1）地面上画一直线，沿直线倒着走。

（2）在平稳的基础上计时，训练速度。

（3）上下楼梯时练习倒着上、下台阶。

目的：发展平衡知觉能力；从二维平衡感发展到立体平衡感。

例11：拿横杆走平衡木

做法：（1）拿着横杆在平衡木上走动。

（2）横杆的长度可不断加长，两头可挂上物品进行练习。

目的：利用手持器具练习平衡走动。

蹦床等

第一章 蹦床运动概述

蹦床是一种有弹性的网状长方形床式体育运动器械。在蹦床上弹起完成各种各样翻腾动作的练习和活动的运动项目即为蹦床运动。蹦床运动又称为"弹网运动"。

第一节 蹦床运动的起源、改革及奥运发展史

图 1-1 蹦床 Trampoline

蹦床起源于中世纪的法国。最初，法国杂技演员杜·坦伯林在空中吊着的安全网中做各种弹跳，并运用其进行表演，蹦床以此为开端。

1930年蹦床由美国人乔治·尼桑传入美国，并从蹦床的娱乐价值和体育特点出发，对蹦床进行了研究和改进，使其更安全和易于弹跳。之后，乔治·尼桑成立了自己的蹦床公司，批量生产了改制后的蹦床。当这种新型蹦床出现以后，首先被美国空军用来作为军事训练的器材，后来很快又被空间科研机构用来训练飞行员和宇航员。医疗单位很快又将这种器械用于残疾人的治疗和康复。不久，蹦床以其特有的趣味性和健身特点而深受青少年的喜爱。

随着时间的推移，蹦床的性能和结构有了很大的改进，现代的蹦床能将运动员弹起送入10米的高空，并在空间能精彩地连续完成三周空翻动作。

蹦床作为一种比赛项目，是在二次世界大战结束后的美国首先开始的，很快就传入到欧洲，逐步传入到世界各大洲。随着蹦床运动的日益普

及和影响的不断扩大,1964年国际蹦床联合会在瑞士成立,同年举行了第1届世界蹦床锦标赛。到目前为止,国际蹦床联合会已发展到47个会员国,共举办了23届世界蹦床锦标赛。

1997年,国际奥委会第106次会议将蹦床列为奥运会的正式比赛项目,设男子网上单人和女子网上单人两枚金牌。2000年悉尼奥运会首次设蹦床项目比赛,这极大地促进了蹦床运动在世界范围内的发展。

图1-2

1997年8月,国家体委发出《关于在我国开展蹦床运动的通知》,并决定从2001年第九届全运会开始,增设蹦床项目的比赛。全运会蹦床比赛设4枚金牌,即:男子网上个人、女子网上个人、男子团体和女子团体(团体是3名网上运动员的成绩加上1名单跳运动员的成绩)。

《通知》下达后,因为是奥运会项目和全运会项目,所以各地像雨后春笋般地轰轰烈烈开展蹦床项目,1998年11月举行了首届全国蹦床冠军赛,当时全国就有18支队伍参加,发展迅速。以后每年都举行全国锦标赛、全国冠军赛、全国青少年赛,2003年开始增设全国系列赛。

蹦床是技术类、灵巧类的项目,十分适合中国人开展,与蹦床同项群的体操、跳水、技巧等项目,中国在世界上都处在优势领先的地位。在国家体育总局体操运动管理中心的正确领导下,在全国蹦床界运动员、教练员、裁判员、科研人员的共同努力下,我国蹦床项目的发展突飞猛进。在2003年世界蹦床锦标赛中,我国健儿获得女子网上团体亚军,并获得宝贵的男子和女子各1张雅典奥运会入场券,显示了我们的实力。2004年第28届奥运会在希腊雅典举行,中国女运动员黄珊汕以高超的技艺夺得蹦床女子个人铜牌,为国争了光,让世界瞩目。2005年9月世界蹦床锦标赛,我国运动员不畏强手,奋力拼搏，夺取男子网上团体、女子网上团体、男子单跳团体和男子单跳个人4枚金牌，轰动了世界蹦坛。

第二节　蹦床运动的特点

蹦床运动主要训练弹跳能力，人体在空间的判断能力、控制能力、表现能力和协调性、灵活性。蹦床项目主要有以下特点。

一、腾空高

由于蹦床器械的结构特点，运动员在练习时所获得的腾起高度平均在5米左右，最高可达8米，大大超过了竞技体操和技巧中空翻的高度。

二、动作准

蹦床只具有一定的有效翻腾面积，而且要连续完成10个高难度和方法都有相当准确地要求。

图1-4

图1-3

三、难度大

运动员在蹦床练习和比赛时，起弹初速大，腾起高，滞空时间长，所以能够完成许多高难度的动作。如1080°三周旋，四周转体180°、144°旋、1080°肢体旋。

阳光快乐体育

运动时的动作路线、位置、时间及动作节奏等,都有严格的要求,使其达到完美的程度。

图1-5

四、姿态美

蹦床练习非常讲究动作的质量和规格。从手指到脚趾,对四肢和躯干

图1-6

第二章　蹦床运动的综合知识

第一节　蹦床运动的几大赛事

目前蹦床运动较大的赛事有奥运会蹦床比赛、世界蹦床锦标赛以及蹦床世界杯等，国内蹦床比赛有全运会蹦床赛，以下将对这些赛事进行简单介绍。

一、奥运会蹦床比赛

1997年国际奥委会决定将蹦床列入悉尼奥运会项目。2000年第27届奥运会成为正式比赛项目，设男、女个人两个项目。在奥运会中男女参赛选手将进行个人比赛，每一组有12名选手，预选赛和决赛将在同一天进行。前8名选手将进入决赛。选手的最后排名情况由决赛得分来定。2008年北京奥运会上，中国蹦床队表现出色，包揽了男女两个项目的冠军，创造了历史，同时也成为中国军团最大的黑马。

图2-1　陆春龙比赛瞬间

图2-2　陆春龙夺得冠军

 阳光快乐体育

图2-3 何雯娜比赛瞬间

图2-5 中国男队员比赛中

图2-4 何雯娜夺得冠军

图2-6 中国男队获得冠军

二、世界蹦床锦标赛

1964年在英国举行首届世界蹦床锦标赛。2009年第26届世界蹦床锦标赛在俄罗斯圣彼得堡举行，中国队以6金3银的好成绩位于奖牌榜首。

图2-7 中国女队员比赛中

图 2-8　中国女队获得冠军

三、蹦床世界杯

两年一度的世界杯总决赛代表了目前蹦床的世界最高水平，进入决赛的选手必须在前两年世界杯系列赛中积分排名前八。2008 年蹦床世界杯总决赛在俄罗斯托格里亚蒂结束，中国蹦床队继北京奥运会包揽男女网上个人金牌外，董栋、黄珊汕再度为中国蹦床队书写辉煌，两人分别取得了奥运会项目男、女网上个人的金牌。

图 2-10　黄珊汕比赛瞬间

四、亚运会蹦床比赛

2006 年多哈亚运会上，蹦床首次被列为比赛项目。中国选手表现出色，包揽了男女个人单项的金银牌，其中黄珊汕和阙志诚分别以 38.40 和 39.50 分摘得金牌。

图 2-9　董栋比赛瞬间

图 2-11　黄珊汕获得冠军

阳光快乐体育

赛设4枚金牌，即：男子网上个人、女子网上个人、男子团体和女子团体（团体是3名网上运动员的成绩加上1名单跳运动员的成绩）。

图2-12 阚志诚获得冠军

五、国内蹦床赛事——全运会蹦床比赛

1997年8月，国家体委发出《关于在我国开展蹦床运动的通知》，并决定从2001年第9届全运会开始，增设蹦床项目的比赛。全运会蹦床比

图2-13 全运会蹦床比赛

第二节　如何欣赏蹦床运动

蹦床的边框由金属制成，长5.05米，宽2.91米，高1.15米。弹网用尼龙或其它相近韧性材料制成，周围用112个弹簧牵拉固定。在蹦床两边的边框上分别铺有垫子，具有保护作用。

图 2-14

蹦床项目是指运动员在长 4.28 米、宽 2.14 米、高 1.15 米的有弹性的网上连续做 10 个不同的空翻或空翻转体动作，根据运动员在空中翻转的周数和转体的度数以及动作基本姿态进行评分。运动员空中翻转周数和度数越多，基本姿态越规范，得分越高。这一项目又被称为"空中芭蕾"，是最能够充分展示人体运动美的项目。运动员从网上可弹起 8～10 米高，相对其他项目而言，时空充足，因此，蹦床动作高雅、飘逸，一套高质量的动作给人以赏心悦目之感。

小蹦床是综合了体操中跳马与蹦床两项运动特点的项目，器材是由一个倾斜的弹网和一个水平的弹网组成。运动员经过一定距离的助跑之后，首先跳斜倾斜的弹网，弹起后在空中完成一个空翻或空翻转体动作，落在水平的弹网上后，再弹起，在空中完成另外一个动作，然后落地站稳。要求运动员具有很好的速度、弹跳、姿态控制、动作难度和良好的节奏。目前我国未开展小蹦床项目。

单跳俗称"翻筋斗"，在本质上与技巧项目的单跳相同，只是比赛的规则不同，与体操中的自由体操也相类似。单跳要求运动员在 25 米长的翻腾板上不间断地连续完成 8 个由手至脚或由脚至脚的动作，要求运动员具有很强的身体素质尤其是速度、弹跳、节奏、控制力等。单跳一套动作完成后给人一种疾风骤雨的感觉，充分显示出人体速度、力量与协调能力相结合的魅力。

阳光快乐体育

第三节 蹦床的重要规则

一、蹦床比赛评委

每部分有 7 名评委，5 名选手根据选手在完成向后翻腾转体 180 接前空翻、翻腾 3 周、向前翻腾 2 周转体半周、向前翻腾 1 周转体 1 周半、向前翻腾 1 周转体半周和其他一些动作来给分；其他 2 名评委根据技术难度来给分。得分最高者获胜。

5 位评委在每一个技巧系列动作所给出的最高分数为 10 分，然后按照选手的失误进行扣分，包括弹跳的高度、动作质量等。手触摸到蹦床扣 0.4 分，手和膝盖接触蹦床扣 0.5 分，着地不稳掉落扣 0.8 分。每一位评委都独立给分，不可商议。

二、比赛难度级别

动作的难度按照筋斗和转体来定。翻腾 1 周得分 0.4 分，翻腾半周 0.1 分，翻腾四分之三周 0.3 分。转体 1 周得分 0.2 分，转体半周得分 0.1 分。垂直翻腾数周但不转体加 0.1 分。两位难度评委将一同计算出选手的难度分，通常为 11~15 分，所有分数的最高分和最低分将被去掉，其他三个分数加起来共 30 分。再把难度分和动作分家在一起就是选手的最后得分。最高分为 45 分。

三、其他蹦床比赛规则

选手在进行技巧系列动作时，没有时间限制。如果比赛结束时有选手比分相同，那么就再次加上选手的动作分，再除以 5。在规定动作组，选手必须向评委提交自己的参赛卡，卡上必须注明自己的动作，但不用按照比赛时的表演顺序写。在规定动作时间，选手不可重复做某一动作，重复动作的得分不予接受。选手在动作结束时，应双脚着地，并保持该动作 3 秒钟，选手着地不稳将被扣分。除了两腿交叉跳跃动作，选手的任何动作必须双脚双腿并拢，脚和脚趾伸直。着地动作优秀可得分0.3分。比赛中,当选手身体的任何一部分接触蹦床以外的东西或者监护者接触选手时,比赛中止。起跳一般情况下不允许重新开始,除非起跳被一些突发事故打断。

附 录

专业词汇中英文对照表

1. 体操：gymnastics
2. 竞技体操：Artistic Gymnastics
3. 自由体操：Floor Exercises
4. 山羊：buck
5. 足尖跑：running on toes
6. 高杠：high bar
7. 吊杠：hanging bar
8. 吊环：hand ring
9. 规定动作：required routine
10. 横杠：bar
11. 蹦床：bounding table
12. 双杠：parallel bars
13. 鞍马：pommeled horse
14. 高低杠：asymmetrical bars
15. 平衡木：balance beam
16. 平衡梯：balancing
17. 体操凳：gym bench
18. 肩倒立：shoulder stand
19. 跳马：vault
20. 艺术体操：Rhythmic Gymnastics

主要参考文献

[1] 陈镇华,等. 中国体操运动史. 武汉：武汉出版社,1990.

[2] 全国体育学院教材委员会体操编写组. 体操. 北京：人民教育出版社,1992.

[3] 体育学院、系教材编审委员会体操编写组. 体操. 北京：人民体育出版社,1995.

[4] 毛学信. 少年奥林匹克体操基础知识及训练技巧. 北京：中国友谊出版社,1994.

[5] 夏思永. 体操教学. 重庆：西南师范大学出版社,2001.

[6] 柳光植,等. 体操. 北京：高等教育出版社,1995.

[7] 美林珍. 团体操. 北京：知识出版社,1998.

[8] 体操编写组. 体操. 北京：高等教育出版社,1987.

[9] 天赐福. 体操. 北京：高等教育出版社,1994.

[10] 曲艳丽. 团体操编排设计与游戏. 济南：山东大学出版社,2001.

[11] 体育院系教材编审委员会编写组体操. 北京：人民体育出版社,1985.

[12] 全国体育学院教材委员会审定. 大众艺术体操. 北京：人民体育出版社,2000.

[13] 黄美林. 艺术体操. 北京：北京体育学院出版社,1989.

[14] 全国体育学院教材委员会审定. 艺术体操. 北京：人民体育出版社,1993.

[15] 黄宽柔等. 形体健美与健美操. 北京：高等教育出版社,1995.

[16] 艺术体操教材小组. 艺术体操. 北京：人民教育出版社,1997.

[17] 全国体育学院教材委员会

审定. 艺术体操. 北京：人民教育出版社，1993.

[18] 全国体育院校教材委员会. 运动训练学. 北京：人民体育出版社，2000.

[19] 孙君梅. 艺术体操. 福州：福建人民出版社，1989.

[20] 运动医学教材小组. 运动医学. 北京：人民教育出版社，2000.